꿈꿀 권리

꿈꿀 권리

초판 1쇄 발행 2026년 2월 20일

지은이   희망철학연구소
펴낸이   조미현

책임편집   박이랑
디자인   엄윤영
마케팅   이예원 공태희
제작   이현

펴낸곳   (주)현암사
등록   1951년 12월 24일 (제10-126호)
주소   04029 서울시 마포구 동교로12안길 35
전화   02-365-5051
팩스   02-313-2729
전자우편   editor@hyeonamsa.com
홈페이지   www.hyeonamsa.com

ISBN 978-89-323-2482-1 (03100)

꿈꿀 권리

: 희망이 사라진 자리에서
철학이 말을 건네다

희망철학연구소 지음

현암사

머리말

글을 쓴다는 것은 살아서 죽음을 횡단하는 일이라 했던가. 그만큼 힘들다는 의미겠지만 요즘처럼 글을 쓰고 책을 읽는 일이 무모하게까지 느껴지는 때도 없었던 것 같다. 모두가 영상과 기계에 마음과 시간을 기울이는 시대, 더욱이 AI 시대로의 급변하는 세계 속에서 과연 사람이 하는 작업들이 어떤 의미가 있는지 묻지 않을 수 없다. 그럼에도 왜 우리는 이런 일들을 그만두지 않는 걸까.

그것은 우리에게 꿈이 있기 때문이다. 모두가 평화롭고 아름답게 살아가는 사람들의 세상을 꿈꾸는 꿈, 이런 꿈과 희망에 대해 이야기를 나누고 싶다. 언제부터인가 더 이상 꿈을 이야기하지 않는 아이들, 희망을 노래하지 않는 청소년들, 새로운 일들을 기획하지 않는 청년과 장년들, 그리고 삶의 의미를 상실해 가는 어르신들의 이야기가 우리들의 귓가를 맴돌고 있기 때문이다.

그런데 꿈이란 무엇인가. 꿈은, 희망은 꿈처럼 아름다운 세상을 살아가고 있기에 저절로 터져나오는 탄성인가. 아니면 반대로 현실이 너무 버거워서 꿈을 꾸지 않고는 도무지 살아가기 힘들어서 하는 탄식인가. 단순한 탄성도 탄식도 아닌 우리를 늘 달리 새롭게 만들어 가는 힘이 꿈인가. 그래서 우리는 꿈과 더불어 지금 여기를 넘어서 가는 것인가. 그렇다면 꿈은 여유 있는 자들의 특권이 아니라 우리 모두의 권리가 아닐 수 없다. 그러나 꿈은 그냥 주어지는 것이 아니라 꿈을 꾸는 자의 것이다.

이를 위해 우리는 개인의 차원을 넘어 사회구조적으로 시대적 혼란이 가중되고 있는 지금 이 시점에서, 우리보다 훨씬 이전, 그럼에도 우리보다 훨씬 더 멀리를 내다본 철학의 거인들의 어깨에서 그들의 시선과 더불어 꿈과 희망에 대해 이야기를 나누어 보고자 한다. 우리가 누구인지, 그래서 어디로 어떻게 향해야 할지를.

철학의 거인들과 더불어 좀 더 미시적으로, 거시적으로, 그리고 다양하고 밀도 있게 이에 대해 이야기를 나누어 본다면 우리도 뭔가 달리 새로워질 수 있을까. 만약 그럴 수 있다면 꿈을 잃어버린 친구들은 다시 꿈과 희망을 이야기할 수 있을까. 그럴 수 있기를 꿈꾼다. 그것이 우리의 희망이다.

희망철학연구소 일동

차례

희망이
부재한 시대에
희망 찾기

한스 가다머

박남희

나의 투쟁은

그리움에 몸을 바치며

나날을 헤어나는 것

강하게 넓게

수없이 뿌리를 펴고

인생을 깊이 파고드는 것

수많은 괴로움에 몸을 태우며

참으로 깊이 성장하여

목숨과 시간에서 벗어나는 것

　　　　　　　– 「나의 투쟁은」, 라이너 마리아 릴케

우리는 왜 희망을 이야기하는가.

많은 사람들은 말한다. 지금 이 시대는 아무리 노력을 해도 응당한 대가를 기대하기 어렵다고. 하여 삶에 대한 의욕상

실은 물론 미래에 대한 꿈조차 꾸기 어렵다고. 이로 인해 불투명한 미래는 온갖 염려와 불안과 두려움으로 점점 더 크고 깊게 번지고 있다고 말이다. 물론 여기에는 다양한 원인과 이유가 있겠지만 이런 현상이 현재 삶을 버겁게 하고 있다면, 우리는 진위 여부를 떠나 이에 대해 다각적인 성찰을 해 보지 않을 수 없다. 희망은 뭔지, 우리의 희망은 정말 무엇인지. 그런데 왜 그런 희망을 잃어버리게 되었는지. 과연 우리가 희망 없이 살아갈 수 있는지. 그럴 수 없다면 다시 희망하기 위해서 무엇을 어떻게 해야 하는지를.

사실 인류의 역사를 보면 어렵지 않았던 시대는 없었다. 어쩌면 이런 힘든 일을 겪어내며 나름 문명을 일구어 왔다고 할 수 있다. 그렇다면 우리도 이 시대의 어려움을 넘어서야 하는 것이 마땅하지 않을까. 그것이 이 시대를 사는 우리의 책임이자 권리는 아닐까. 그렇다면 이 시대의 문제는 무엇인가. 점점 더 가중되고 빈번하고 복잡해지는 각종 재해와 재난 속에서도 우리가 절망이 아닌 희망을 이야기할 수 있을까. 행여 희망을 이야기할 수 없다면 살아가는 의미와 동원을 도대체 어디에서 찾을 수 있을까. 정말 희망은 없는 것인가. 아니 희망이 없을수록 오히려 희망을 더 이야기해야 하는 것은 아닌가.

너무도 급변하는 이 시대에, 특히 원하든 원하지 않던 AI 시대로 발 빠르게 전환해가는 이 시대에 우리의 희망은 무엇인가. 어떤 경우에도 희망을 이야기해야 하는 까닭은 우리가 기계도 짐승도 사물도 아닌 사람이기 때문일 것이다. 사람은 그냥 존재하는 것이 아니라 무언가를 행하며 있는데 그 행함의 동원이 바로 희망이다. 그렇기에 사람은 희망하며 사는 것이요, 산다는 것은 희망하는 일이다. 그런 까닭에 희망은 있을 수도 있고 없을 수도 있는 것이 아니라 희망 안에서 희망과 함께 하여야 하는 것이다. 사람은 누구나 무언가를 지향하며 살아가는 존재이기 때문에 우리는 무엇을 희망하는가 묻기 이전에 희망 안에서 희망하며 살아가야 하는 것이다. 무엇을 희망하는가 하는 문제는 차후의 문제이다.

희망의 부재는 개인의 문제를 넘어 전 인류가 어떻게 지속과 번영을 이어가는지 하는 문제와 직결된다. 이는 개인만이 아니라 모든 공동체, 즉 전 인류가 함께 고심하여야 하고 또 이야기할 수 있어야 한다. 그럴 수 있어야 우리의 삶도 꿈도, 미래도, 행복도 가능할 수 있다. 이것이 지금 우리가 희망을 이야기하는 이유이다.

희망이란 불가능의 가능성을 탐하는 것

그렇다면 희망이란 뭘까. 도대체 희망이란 무엇이기에 희망의 유무에 따라 삶과 미래의 모습까지 달리하는 것일까. 그것은 앞서 이야기하였듯이 사람은 사물과 달리 무언가를 지향하며 행하며 살아가는 존재이기 때문이다. 바로 이렇게 저렇게 무언가를 늘 지향하며 있는 그것, 그것을 우리가 희망이라 한다. 그런 까닭에 희망은 단순히 긍정성이거나 또는 개인의 주관적 감정, 혹은 시간적 미래라기보다는 이런저런 모습을 형성해 가는 힘이라 할 수 있다. 다시 말해 무언가를 구체화하는 과정에서의 행위, 즉 무언가를 실현해 가는 삶의 운동, 그것을 우리는 희망이라 한다. 마치 부재하는 사람의 이름을 불러서 지금 여기 내 앞에 현존하기를 바라듯 희망은 단순한 공상과 망상, 허상이나 관념 아닌 지금 여기에 구체적인 무엇을 형상화하는 힘, 무에서 유를 만들어 가는, 불가능 속에서 가능을 도모하는 일과 관련이 있다. 다시 말해 불가능성의 가능성을 탐하는 것, 바로 그것을 우리는 희망이라 부른다. 그런 면에서 희망은 우리를 살게 하는 매혹체라 할 수 있다.

그렇다고 아직 무엇으로 가시화되지 않은 것을 구체화하고자 하는 염원 속에서 삶을 실현해 가고자 하는 일과 관계하는 희망은 단순한 낙관주의도 긍정성의 과잉도 아니다. 더더욱 억지나 강제 혹은 환상과 허위로 이루어지는 것도 아니다. 희망은 삶을 구체화해 나가는 힘이다. 그렇기에 우리는 희망 없이 살기 어렵다. 산다는 것은 희망하는 일이며, 희망한다는 것은 삶을 지속해 가는 일이다. 우리가 희망과 더불어 삶의 기쁨과 슬픔을 이야기하는 까닭도 여기에 있다.

▎희망은 희망할 때에야 희망이 된다

그런데 우리는 어떻게 희망하는가. 희망은 희망이 있어서 희망하는 것이 아니라 희망하기에 희망일 수 있다. 달리 말하면 희망은 희망할 때만이 희망이 된다. 마치 놀이(spiel)가 따로 있는 것이 아니라 실제로 놀이에 참여할 때에야 비로소 놀이일 수 있듯이, 사랑도 사랑을 할 때야 사랑일 수 있듯이, 희망도 희망할 때만이 희망일 수 있다. 잔디 구장과 공과 사람이 있다고 해서 축구라 하지 않고, 설혹 축구화가 없고 운동복이 없어도 또 사람 수가 갖추어지지 않더라고 일정 규칙을 정해 실제로 경기를 할 때 비로소 축구를 한다고 하듯이, 희망도 희망의 일을 할 때 비로소 희망일 수 있다. 다시 말해 희망은 희망 안에서 희망과 하나가 될 때 비로소 희망이 된다. 그런 의미에서 희망은 희망하는 자만이 실제로 희망할 수 있고, 그 희망으로 인하여 우리는 이렇게 저렇게 삶을 영위해 가는 것이다.

이처럼 희망은 어떤 실체나 조건, 상황이 전제되거나 따로 있는 것이 아니다. 그렇다고 없는 것도 아니다. 희망은 보이지 않는 자식을 부르는 엄마의 부름처럼 어디에나 있지만 동시에 어디에도 없는, 그래서 부재 속에서 현존을 향한 요청이라고 할 수 있다. 이때 응답하며 엄마 앞에 나타나는 아이처럼 희망은 희망을 청할 때 희망이 된다. 다시 말해 희망은 희망하는 자에게만 스스로를 드러내 보인다. 희망하는 일 그 자체가 희망인 까닭이다. 그런 의미에서 희망은 지금에 머물지 않고 늘 달리 새롭게 나아가고자 하는 자기실현의 운동, 그것이 희망이라 할 수 있다.

방법이 아닌 진리를 희망한 가다머

희망을 이와 같이 이야기한 사람이 독일의 현대철학자 한스 게오르크 가다머(Hans Georg Gadamer)가 있다. 그는 1900년에 독일의 마르부르크에서 태어나 2002년에 사망한 독일의 현대철학자로, 철학은 방법이 아닌 진리를 천착하는 일이라 하며, 사람은 저마다의 실존 안에서 나름으로 이해하며 삶을 살아가는 이해의 운동을 하고 있다고 했다. 바로 그것이야말로 진리라며 그만의 진리에 근거한 '철학적 해석학'을 태동시킨다.

그에 따르면 사람은 저마다의 자리에서, 저마다 마주하는 세계를, 저마다 이해하며, 저마다 해석을 하면서 살아가고 있다. 따라서 절대적인 앎이 있는 것이 아니라 모두가 다 나름의 이해의 운동을 하고 있다는 사실 그 자체야말로 진리이며 이해의 절대성과 상대성 모두를 넘어서 해석학을 철학함으로 승화시킨다.

따라서 해석학은 기존의 저자의 의사를 정확히 밝혀내거나 독자의 주관적 독해에 의거한 방법론적 논하는 것이 아니다. 그는 모든 것을 하나로 융합하며 해석해 가는 이해의 운동이야말로 참으로 진리라며, 그만의 철학적 해석학을 주창한다. 모든 이해(verstehen)는 이미 하나로 적용(anwendung)하며 있는 해석(auslegung)이라고 주장하는 그의 철학적 해석학은 앎과 삶을 하나로 융합하며 이를 철학함으로 논한다.

그의 이러한 주장은 헤라클레이토스와 파르미데스는 물론 소크라테스로부터 플라톤과 아리스토텔레스, 그리고 어거스틴과 에크하르트, 데카르트, 칸트, 헤겔, 니체, 후설, 하버마스에 이르기까지 서양철학이 오랫동안 고심해 온 앎과 삶의 문제, 즉 이론과 실천의 문제를 해소하는 것이다. 우리가 무엇을 어떻게 아는가 하는 일은 곧 그렇게 살아가는 일이 된다. 그는 아는 것과 사는 일은 결코 분리될 수 없는 하나의 일이라며 이를 이해의 운동으로, 해석학적 보편성(Universalität)으로, 예술경험에서의 진리로, 다시 이해와 해석의 차원에서 언어의 문제로 설명했다. 그만의 철학적 해석학을 전개시켜 나간 것이다.

그에 따르면 시간은 단지 과거에서 미래로 흘러가는 것이 아니라 매 순간 모든 시간이 밀려 들어와 있는 것으로, 현재 안에 과거와 미래까지도 함께한다고 한다. 그리하여 가다머는 과거에서 현재로 다시 미래로 흘러가는 시간의 기록으로서의 역사(historie)와 다른 과거와 현재와 미래가 하나로 융합하며 있는 사건으로서의 시간(gesichte)을 구분해서 이야기한다. 그리고 마주하는 모든 것들을 하나로 융합하며 있는 이해의 운동을 영향작용사(wirkungsgesichte)로, 지평융합(horizont-vetschmelzung)으로 되풀이 논하며 이를 실현(vollzug)의 진리로 밝힌다. 이때 기존의 전통과 다른 전승(Überlieferung)을, 권력이 아닌 권위(Autorität)를, 선입견(vorurteil)을 선이해로 새롭게 이야기하며 우리 모두는 그 나름의 실현의 운동을 하고 있다고 이야기한다. 그의 이러한 주장은 두 차례의 세계 대전 중에 겪은 경험이 크게 작용하고 있는 것이 사실이다. 전례 없는 전쟁의 소용돌이 속에서, 무엇을 어찌할 수 없는 여건 속에서도, 마주하는 현실 앞에 한 인간으로, 지성인으로, 어른으로, 아는 만큼 살아내고자 고군분투한 그의 삶은 고스란히 그의 철학으로 드러난다.

3살 때 소아마비를 앓았음에도 불구하고 한 세기 넘게 건

강하게 살았던 그는 죽기 직전까지 철학은 물론 예술과 교육, 의학, 문화, 정치 등 다방면에 걸쳐 열정적으로 강의와 저술 활동을 한 철학자로 유명하다. 그는 결코 건강해서가 아니라 건강하기 위해서 아는 만큼 살아내려 애쓴 사람이다.

그는 그런 자신의 경험을 살려 어떤 경우에도 삶에 주체는 자신이 되어야 한다는 생각을 놓지 않았다. 비록 질병과 치료의 경우에 있어서도 우리가 사람이라는 사실이 변함이 없는 한 치료의 주체는 언제나 의사가 아니라 환자 당사자가 되어야 한다며 그는 『현대의학을 말하다(Über die Verborgenheit der Gesundheit)』란 책을 통해 자신의 생각을 피력하기도 했다. 이는 그동안 치료에서 배제된 환자 당사자에게 어떤 경우에도 이에 대한 권리와 책임은 결코 양보할 수 없는 것이며, 건강 역시도 지나친 의존을 경계하고 스스로 건강을 돌볼 수 있어야 한다는 의철학, 즉 환자는 치료의 대상이기만 하지 않고 의사와 더불어 치료의 주체가 되어야 한다는 획기적인 주장을 하기에 이른다. 아마도 그는 그런 생각하에 의사에 전적으로 의존하기보다는 의사와 더불어 자신이 치료의 주체이기를 희망하였기에 소아마비로 인한 고통도 이겨내고 건강을 유지해 갔던 것이리라.

그의 이런 주장은 단지 의학에서만이 아니라 교육에서도 드러난다. 교육은 자기교육이어야 한다는 주장으로 철학, 문화, 예술, 정치, 경제 등 다양한 영역에서 활발한 논의를 편다. 그는 우리 삶 속에 지나치게 자연과학의 방법론에 의거하여 파생되는 문제들을 지적하며 참다운 진리에 근거한 철학적 해석학을 전개해 갔다.

삶과 결코 분리되지 않았던 그의 철학적 여정은 나치 치하에서, 그리고 전쟁의 소용돌이에서도 빛이 났다. 당시 독일인으로 전쟁의 한가운데 내던져졌지만 그는 어떤 경우에도 한 인간으로서 아는 만큼 살아가야 한다는 자신의 신념을 잃지 않았다. 이러한 희망 덕분에 그는 나치의 정권하의 독일 안에 거주하면서도 이로 인한 어려움을 극복해 갈 수 있었다. 그의 이런 태도는 전쟁 후 라이프치히 대학의 총장에 추대되어 한 취임연설에서 잘 드러난다. '사물에 대한 객관성', '자기자신에 대한 정직성' 그리고 '타자에 대한 관용성'은 당시 독일 사회만이 아니라 지금도 우리 모두가 나아갈 학문, 철학, 삶의 방향성을 제시한다.

그는 살아 생전에 왕성한 강의와 저술 활동은 물론 책의 선정과 감리도 스스로 했을 만큼 죽는 순간까지 열정적으로 활동을 한 철학자로 잘 알려져 있다. 하지만 나치 치하에서는 그리하지 않았다. 아는 만큼 살고자 진리를 희망하며 진리의 삶을 실현해 간 희망의 사람이기를 원했던 까닭이다.

60세가 되던 1960년에 쓴 그의 대표 저서인 『진리와 방법

(Wahrheit und Methode)』에서 놀이라는 개념으로도 밝히고 있듯이, 그는 진리는 아는 것도 소유하는 것도 아닌 행하고 참여하는 것이라고 했다. 형이상학에 이끌린 실재론이나 물질과학에 전도된 실체론적 입장이 아닌 파동처럼 보이지 않는 힘과 같은 진리 안에 거하고자 희망하며 이를 실제 삶 속에서 실현해 가려 한 것이다. 그래서 그는 진리와 더불어 희망하며, 희망과 더불어 실재하는 삶을 살아갔다. 희망하는 자에게만 희망은 희망이 되듯이, 그는 희망이 있어서 희망한 것이 아니라 진리 안에서 희망하며 삶으로 실현해 간 것이다.

우리는 무엇을 희망하는가

희망은 희망하지 않으면 부재하게 된다. 그런데 지금 나는 희망하고 있는가. 아니면 무엇을 희망이라 여기며 희망 없음을 이야기하고 있지는 않나. 그래서 희망이 있다 없다를 논하고, 그로 인하여 실망하고 좌절하고 있지는 않나. 희망이 없을수록 희망을 더 이야기해야 하며 희망 안에서 희망하여야 하는 까닭은 왜인가. 우리가 끊임없이 아프고 다치고 고통스러워하는 까닭은 뭘까. 정말 희망이 사라졌기 때문인가. 아니면 이 시대의 문제가 희망적이지 않기에 그런가.

희망이 부재한다는 이 시대에도 여전히 아름다운 삶과 사람이기를 희망한다면 우리는 희망이 있는 것일까. 온갖 재해와 재난과 재앙이 점점 더 강화되고 더욱 빈번하고 복합적으로 일어나는 속에서도 희망을 잃어버리지 않을 수 있을까. 빈부의 차이만이 아니라 각종 혐오와 폭력과 갈등이 난무하는 이 시대를 과연 우리는 희망 없이 어떻게 건너갈 수 있을까.

많은 사람은 희망을 특정한 직업이나 일로 이야기하는 경우가 많다. 그런데 그것이 진정한 희망일 수 있을까. 희망과 희망으로 여기는 것들을 구분할 수 있다면 희망을 잃어버리지 않을 수 있을까. 그래서 순간순간 혼동과 혼란 속에서도 우린 끊임없이 사유할 수 있어야 하는 것인가. 문제가 없어서가 아니라 문제를 해소해 갈 수 있는 지혜가 필요하기에.

그래서 우리는 희망한다. 사유의 능력, 힘을 배양할 수 있기를. 그리고 빈부의 차이로, 사람과 사람 사이에, 사람과 자연과의 관계에서, 인위적인 사회와 국가 간에 인종과 종교와 민족이라는 이름으로 일어나는 모든 일에 살아가는 그 어떤 생명도 서로에게 상처와 고통이 더해지지 않기를 희망한다. 또 점점 더 고립화되고 단절되는 이 세상에서 다른 대치물도 좋지만 무엇보다 사람과 사람 사이에 진정한 사귐과 만남이 있기를 희망한다.

뿐만 아니라 우리가 공부하는 것이 성적이나 진학, 직업보다는 모두에게 선한 영향력이기를, 뉴스에서 사건 사고가 아픔이 아닌 기쁨의 소식으로 넘쳐나기를, 다른 혹성으로의 탈출 계획이 아니라 이 지구촌을 위해 보다 많은 노력들이 경주되기를 희망한다. 또한 우리가 사는 세상이 조금 불편하고 힘들더라도 사람을 배제할 것이 아니라 모두 함께 살아가는 방향으로 나아가기를 희망한다. 특정 집단이나 소수만이 아니라 모든 사람이 저마다 자신의 꿈을 실현해 가는 세상이 되기를 정말 간절히 희망한다. 그래서 사람이 소비되는 것이 아니라 정말 사람답게 살아갈 수 있기를, 그런 세계가 되기를 희망하고 희망한다.

북극에서 남극에 이르기까지 동에서 서쪽 끝까지 모든 것들이 있는 곳에서 저마다 빛나는 그 무엇이 되기를, 바다 속에는 해초와 물고기가 풍성하고 산에는 울창한 숲이 깨끗한 산소를 내뿜으며, 대형 홍수나 산불 가뭄 병이 아니라 아름다운 경치와 유익한 자원이 우리를 둘러싸고 있기를, 도로에는 사건 사고보다는 반가운 이들이 물자가 교류하고 만나는 통로가 되기를 희망한다.

인간이 마땅히 하여야 할 일들이 다른 대체물로 대신하기보다 사람이 기쁘게 행하며 나눌 수 있는 일들이 많아지기를 희망한다. 아기부터 어르신에 이르기까지 선진국에서 빈국에 이르기까지 정치로, 기후변화로, 독재로, 목숨을 내놓고

길을 떠나야 하는 이들이 없기를 희망한다. 이런 희망사항을
난 희망한다.

나는 희망한다, 고로 존재한다

희망하기에 나는 존재한다. 무언가 잘못되었다고 느낄 때
는 잠시 멈추어 서서 생각해 보아야 하는 것처럼 나의 삶에 지
나치게 무겁게 다가오는 것이 있다면 우리는 잠시 거리 두기
를 할 수 있어야 한다. 어쩌면 그것은 내가 아는 것보다 훨씬
작고 가벼운 것일 수도 있고, 또 전혀 다른 것일 수도 있다. 여
전히 문제가 크게 강하게 느껴진다면 감당할 수 있는 작은 크
기로 나누고 잘라서 분산시켜 다시 생각해 보면 어떤가. 그리
고 이들을 달리 연결해 보자. 그러면 이전에는 알지 못했던 전
혀 다른 길이 보이기도 한다. 이를 위해 우리는 다른 생각, 시
선, 관점, 태도, 이해, 해석을 할 수 있어야 한다. 하나가 아닌
여럿, 그것도 다양한 입장에서 다각적으로 생각을 해 보면 우
리는 분명 길을 찾을 수 있다.

피타고라스가 운동장에 있는 여러 사람들 중에 '관조'하는
사람을 바람직한 사람으로 이야기하는 것처럼, 우리도 멀리,
넓게, 깊이 바라보고 생각할 수 있어야 한다. 이를 가능하게

하는 것이 희망이다. 희망은 우리를 다양한 생각과 일과 삶을 주조해 갈 수 있도록 이끈다. 희망한다는 것은 일정한 시간과 공간 안에 머무는 것이 아니라 그것을 넘어 다른 무엇의 가능성을 품는 것, 이것만이 아니라 저것까지가 아니라 늘 달리 이를 넘어서는 무언가를 향해 나아가는 끊임없는 운동이다. 그러므로 산다는 것은 희망하는 일이다. 희망한다는 것은 곧 사는 일로, 늘 달리 실현해 가는 일이다. 달리 실현해 가야 하는 것 그것이 사는 일이다. 달리 말하면 희망하기에 존재하는 것이다. 다시 말해 나는 희망한다. 고로 존재하는 것이다.

꿈꿀 권리와 의무

우리는 모두가 행복하기를 바란다. 그것을 의심할 사람은 없다. 그런데 모두가 행복하기를 바라는 우리들의 꿈과는 달리 세상은 우리를 힘들게 하는 온갖 비교, 폄하, 차별, 혐오, 갈등, 경쟁 등으로 넘쳐난다. 하여 우리는 우리의 꿈과는 상반된 세상 앞에서 때론 낙심과 절망과 좌절과 비관을 하기도 한다. 그런데 그 이유는 뭘까. 왜 우리는 희망하는 세상이 아닌 세상에서 살아가고 있나. 그런 꿈을 실제로 희망하는 사람이 없기 때문인가. 아니면 꿈은 단지 꿈이기 때문일까. 지나

친 이상적 허구나 불가능한 일을 우리가 희망하기 때문인가. 이도 아니면 우리가 희망이란 허구의 잔치에서 허우적거리고 있는 것인가.

그럼에도 여전히 희망을 잃어버려서는 안 되는 이유는 뭘까. 희망은 우리를 저 멀리 더 높게 보다 크게 그리고 깊고 넓게 향하게 한다. 참되게 모두에게 바람직하게 살아가기 위해 우리는 오늘도 희망을 품고 꿈을 꾼다. 사람은 누구나 자신의 꿈을 꿀 권리와 의무가 있다. 그런 의미에서 꿈은 우리의 권리이자 의무라고 할 수 있다. 이는 누구에게나 꿈을 꿀 수 있는 기회가 주어져야 하고, 또 나름 꿈을 이루어 가려는 노력을 경주해야 한다는 말일 것이다. 좋거나 싫다고 또는 힘들다고 꿈을 꾸거나 꾸지 않을 수 있는 것이 아니라 우리가 살아가는 한, 꿈은 우리와 분리할 수 없는 것이라는 이야기일 것이다.

그런데 어떤 사람은 꿈을 꾸고, 또 어떤 이들은 꿈이 없다고 한다. 꿈이 없는 것도 꿈일 수 있을까. 꿈이 꿈일 수 있으려면 그 꿈이 참된 일이어야 한다. 우리는 나만의 꿈이라 하지만 그것이 자신은 물론 모두에게 유익한 일이어야 참된 꿈일 수 있다는 것을 모르지 않는다. 물론 누구나 꿈을 꾸기에 서로 상치되고 배치되는 경우도 있지만 진실로 참된 꿈은 모두가 함께 꿈꿀 수 있어야 한다. 진정한 꿈은 누가 무어라 개입하거나 윤리적 상벌이 있기 때문이 아니라 그것이 그 자체로 바람직한 것이기 때문이다. 그래서 참된 꿈은 개인적임과 동시에 개인적이기만 하지 않다. 꿈은 공동체원들의 공통된 감각과 더불어 이미 그런 사유, 판단이 함께 작용하고 있다. 공감, 사랑, 배려, 연대, 상생이 꿈과 함께 이야기되는 까닭이다. 그래서 참된 꿈은 강하다. 참된 꿈은 공동체가 모두 함께 할 수 있는 것이므로 우리는 희망과 함께 더 멀리, 높게, 크게, 깊게, 넓게 생각하고 바라보게 된다.

구체적으로 행하는 힘도 이와 더불어 생겨난다. 그런 의미에서 도야(Bieldung)는 희망의 또 다른 모습이라 할 수 있다. 우리는 희망을 품고 희망하며 희망을 만들어 간다. 희망하는 그대여, 지금 희망하라. 희망 안에서 희망하라.

한스 가다머·희망이 부재한 시대에 희망 찾기 | 박남희

행복주의와
초인의 길

한상연

한 아이가 두 손 가득 풀잎을 들고 와서는
"풀은 뭐예요?"하고 내게 묻더군.
내 어찌 대답할 수 있었겠는가?
풀이 무엇인지
나 또한 아이와 마찬가지로 알지 못한다.

[…]

아무리 작은 싹이어도 진정 죽음이란 없음을 보여주지.
설령 죽음이 있어도, 죽음은 삶이 나아가게 하는 것일 뿐
마지막에 삶을 낚아채려 기다리는 것은 아니라네.
삶이 나타나는 순간 죽음은 그치지.
만물은 멈춤 없이 나아가 밖으로 드러나느니
아무것도 무너지지 않아.

그리고 죽음은 흔한 생각과 다르고, 더욱 길한 것이지.

—「풀잎」, 월트 휘트먼

좋은 삶이란 무엇일까? 이 물음에 대한 정답은 없다. 자기에게 어떤 삶이 좋은지는 각자 알아서 판단할 문제다. 야망이 큰 사람은 성공하는 삶이 좋은 삶이라고 생각할 것이고, 경건한 신앙인은 신에게 영광을 돌리는 삶이 좋은 삶이라고 생각할 것이다. 한 가지는 분명하다. 스스로 긍정하고 사랑할 수 없는 삶은 좋은 삶일 수 없다. 그러니 자신이 좋은 삶을 살고 있는지 궁금하거든 삶을 스스로 긍정하고 사랑할 수 있는지 살펴볼 일이다.

대한민국은 부유한 편에 속하는 나라다. GDP(국내총생산)는 세계 15위 안에, 1인당 GDP는 세계 35위 안에 든다. 그런데 동시에 불안장애와 우울증의 나라이기도 하다. 우리나라 사람들이 불안과 우울에 시달리는 이유는 무엇일까? 가장 큰 이유는 바로 경쟁이다. 물론 사람 사는 세상에 경쟁이 없을 수는 없다. 하지만 우리나라처럼 경쟁의 논리가 극심한 나라는 많지 않다. '요람에서 무덤까지'라는 말이 있다. 1942년 제2차 세계대전 중 영국 경제학자 윌리엄 베버리지(William Beveridge)가 남긴 말이다. '최대 다수의 최대 행복'이라는 공리주의의 좌우명을 사회복지의 측면에서 표현하는 말로 사용되기도 한다. 베버리지는 자신이 구상한 사회보장제도를 당시 수상인 윈스턴 처칠에게 보고하며 이 말을 썼다. 태어날 때부터 죽을 때까지 국민의 삶을 국가가 책임진다는 뜻이다. 우리나라 사람들은 요람에서 무덤까지 경쟁하며 산다. 심지어 충분한 사회적 지위와 부를 축적한 사람조차 좀처럼 경쟁심을 거두지 못한다.

극심한 경쟁은 대개 맹목적이다. 경쟁이 극심해지면 자신이 남들과 무엇 때문에 경쟁하는지 제대로 생각할 수 없게 된다는 뜻이다. 함께 놀다 그만 감정이 격해져서 서로 사납게 싸우게 된 아이들을 생각해 보자. 아이들이 함께 노는 이유는 즐겁기 위해서다. 즐겁게 시간을 보내는 것이 함께 노는 그 목적이다. 그런데 서로 싸우기 시작하면 즐겁기는커녕 고통스럽고 지겹게 시간을 보내게 된다. 한번 싸우기 시작한 아이들은 좀처럼 싸움을 멈출 줄 모른다. 아무튼 이겨야 한다. 그 싸움의 결과가 상처뿐이어도, 친구들과 사이가 서먹해지고 멀어져도, 무조건 이겨야 한다. 감정이 격해지는 바람에 맹목적으로 서로 극단적인 경쟁을 벌이게 된 것이다.

우리나라 사람들이 불안과 우울에 시달리게 된 근본 원인도 이와 같다. 경쟁의 논리가 극심하다 보니 자칫 주위 사람을 경쟁자로 인식하기 쉽고, 그 때문에 꼭 이겨야 한다는 강박관념에 시달리게 된다. 이러한 강박관념에 시달리는 사람은 감

니체·행복주의와 초인의 길 | 한상연

정이 격해지기 쉽고, 주위 사람과 친근하고 다정한 관계를 맺는 대신 맹목적인 갈등의 관계를 맺게 된다.

맹목적인 경쟁심 때문에 날마다 마음이 상처투성이가 되는 사람은 무엇을 어떻게 해야 좋은 삶을 되찾을 수 있을까? 독일의 철학자 프리드리히 니체의 사상에서 그 해답을 찾을 수 있다. 좋은 삶이란 무엇인지에 관해 니체만큼 명쾌하고 철저하게 생각한 철학자는 없다.

힘에의 의지 ▎삶을 긍정할 힘 키우기

좋은 삶을 살려면 어떻게 해야 할까? 대답은 간단하다. 좋은 삶을 사는 데 충분할 만큼 힘을 키워야 한다. 그렇다면 좋은 삶을 사는 데 필요한 힘은 어떻게 키울 수 있을까? 이 물음에 대한 답을 구하려면 우선 우리가 왜 서로 경쟁하게 되는지 생각해야 한다.

경쟁의 목적은 여러 가지일 수 있지만 경쟁의 이유는 늘 같다. 남보다 내가 많이 차지해야 한다는 욕심이 모든 경쟁의 이유다. 부와 명예를 위한 경쟁에서는 부와 명예를 남보다 내가 많이 차지해야 한다는 욕심이, 권력을 위한 경쟁에서는 권력을 남보다 많이 차지해야 한다는 욕심이 경쟁의 이유이다.

경쟁에서 이기려면 어떻게 해야 할까? 힘을 키워야 한다. 힘에는 물리적인 것만 있는 것은 아니다. 아는 것이 곧 힘이라는 말도 있지 않은가? 학교 공부를 열심히 해서 동급생보다 많이 알면 좋은 대학에 갈 확률이 높아진다. 좋은 대학에 간다고 성공적인 인생이 보장되는 것은 아니겠지만, 아무튼 성공할 확률은 높아진다. 그러니 열심히 공부해서 많이 알고자 하는 것도 실은 성공하는 데 필요한 힘을 키우는 일이다.

우리가 자칫 과도한 경쟁심에 사로잡히기 쉬운 이유가 바로 이것이다. 좋은 삶을 살려면 좋은 삶을 사는 데 충분할 만큼 힘을 키워야 한다. 힘을 키우는 일은 남과의 경쟁에서 이기는 데 도움이 된다. 그러니 좋은 삶을 살려면 남과의 경쟁에서 이기는 데 충분한 힘을 키워야 하지 않을까?

니체의 철학은 이러한 생각에 대한 날카로운 비판과 함께 시작한다. 니체의 관점에서 보면, 남과의 경쟁에 집착하는 사람은 격한 감정으로 친구들과 싸워 이기는 데만 전념하는 아이처럼 맹목적이다. 이런 사람은 승리해도 소용없고, 패배해도 소용없다. 자기에게 주어진 삶의 시간을 고통과 권태 속에서 허비할 뿐이다. 즐거움이라는 놀이의 목적을 잊은 아이처럼, 인생을 즐길 줄 모르는 어리석은 사람이 된다.

니체의 대표 저술 중 가장 유명한 것은 『차라투스트라는 이렇게 말했다』이다. 참고로, 차라투스트라는 이란 북부 지방에서 태어난 고대의 예언자로, 조로아스터교의 창시자로 통한다. 조로아스터는 차라투스트라의 그리스식 명칭이다. 니체는 차라투스트라에 관한 허구적 이야기를 통해 자신의 초인 사상을 전개한다.

니체의 차라투스트라는 30살에 고향을 떠나 산으로 들어갔다. 10년 동안 산의 동굴에서 혼자 살면서 그는 인간을 필요로 하지 않을 만큼 독립적이고 자유로운 정신을 함양하게 되었다. 그에게 고독한 생활은 견디기 힘든 소외감이 아니라 도리어 즐거움을 불러일으켰다. 타인에게 의존할 이유가 없을 만큼 차라투스트라의 정신은 강해진 것이다.

어느 날 차라투스트라는 산을 내려가 다시 세상 사람들에게로 갈 결심을 품었다. 자신이 깨닫게 된 풍요로운 삶의 지혜를 사람들에게 전해주고 싶었다. 산을 내려온 차라투스트라가 처음 만난 사람은 숲속의 성자였다. 성자는 사람들을 사랑해서 선물을 주려고 산에서 내려왔다는 차라투스트라의 말을 듣고는 사람들의 고통을 함께 나누고, 사람들을 동정하며 적선하는 방식으로 선물해야 한다고 충고한다. 그러나 차라투스트라는 성자의 생각을 받아들이지 않았다. 차라투스트라가 원한 것은 사람들이 삶의 승리자가 되도록 돕는 것이었다. 오직 삶의 승리자가 될 만큼 강한 힘과 의지를 지닌 사람만이 진실로 풍요롭게 살 수 있다고 그는 생각했다. 그런 사람은 남의

꿈꿀 권리

동정을 거부하는 법이다.

차라투스트라가 두 번째로 만난 것은 가까운 도시의 군중이었다. 군중에게 차라투스트라는 행복에 집착하는 인간이 되는 대신 초인이 되라고 말했다. 자신의 적당한 행복 실현에만 집착하는 인간을 차라투스트라는 끝물 인간(마지막 인간)이라고 불렀다. 하지만 군중은 도리어 자신들을 끝물 인간으로 만들어 달라고 아우성을 쳤다. 군중에게 실망한 차라투스트라는 자신과 뜻을 함께 할 소수의 선각자를 찾아 다시 길을 떠난다.

니체가 차라투스트라의 입을 빌어 표현한 인생관은 간단하고 명료하다. 진실로 풍요롭고 기쁜 삶을 살려면 자기의 행복에 집착하는 마음을 버려야 한다는 것이다. 이 말은 물론 불행해지라는 뜻은 아니다. 불행한 삶이란 정신적으로 빈곤해진 삶이다.

이 역설과 모순을 어떻게 이해해야 할까? 풍요롭고 기쁜 삶을 살고 싶은 마음과 행복해지고 싶은 마음은 같은 것이 아닐까? 풍요롭고 기쁘게 살려면 당연히 행복을 추구해야 하는 것 아닌가? 그런데 우리는 니체의 말이 옳다는 것을 이미 알고 있다. 부모와 자식의 관계에 관해 생각해 보자.

좋은 부모는 자식이 잘되기를 바라고, 좋은 자식은 부모가 행복하기를 바란다. 자기의 행복에만 집착하는 부모는 좋은 부모일 수 없고, 자기의 행복에만 집착하는 자식 역시 좋은 자식일 수 없다. 진실로 좋은 부모와 자식 관계에서는 서로를 위해 크나큰 고통과 희생을 감내할 수 있다. 즉, 자기의 행복에만 집착하는 사람은 좋은 부모일 수도 없고, 좋은 자식일 수도 없다. 부모가 자식에게 진실한 기쁨의 원천이 되는 것은 자기 행복에 집착하지 않고 희생을 감내할 만큼 진실하게 자신을 사랑함을 자식이 안다는 것이다. 물론 그 반대의 경우도 마찬가지다. 자기의 행복에만 집착하는 사람은 그 누구에게도 진실한 기쁨과 즐거움, 행복의 원천일 수 없다.

연애에 관해서도 같은 방식으로 생각해 보자. 두 사람이 서로를 연인이라고 부르는데, 둘 다 자기의 이익과 행복에만 집착하는 이기주의자인 경우, 그들은 연애하며 행복할 수 있을까? 물론 그럴 수 없다. 자기의 이익과 행복에만 집착하는 자는 연애하는 것이 자신에게 불리하다고 판단하면 곧바로 상대를 버릴 것이다. 이런 사람에게서 애틋한 연애 감정을 기대하는 것은 바보나 할 짓이다. 나를 위해 조금의 희생도 하지 않으려는 자를 나의 진실한 연인이라고 말할 수 없고, 그런 사람 곁에서 머무는 건 기쁜 일이기는커녕 소름 끼치는 일이다. 똑같은 이야기를 친구 관계에 관해서도 할 수 있다. 극단적인 이기주의자는 그 누구의 진실한 친구도 될 수 없다. 그런 사람을 친구로 삼아 곁에 두느니 차라리 혼자 고독을 인내하는 편이 낫다.

부모 자식 사이든, 연인 사이든, 친구 사이든, 모든 종류의 인간관계는 한 가지 분명한 진실을 드러낸다. 그것은 자기의 이익과 행복에만 집착하는 자는 결코 진심으로 환대할 수 있는 자가 아니라는 것이다.

행복은 삶의 목적이 아니라 진실한 삶의 부산물

진실로 기쁘게 살려면 행복에 대한 집착을 버려야 한다. 행복은 삶의 목적이 아니고, 목적이 되어서도 안 된다. 행복이란 다만 진실한 삶의 부산물일 뿐이다.

자식을 진실로 사랑하는 부모는 자식을 위해 필요한 경우 희생을 무릅쓸 수 있을 만큼 자기의 이익과 행복에 대한 집착에서 벗어나 있는 법이다. 같은 이야기를 연인과 친구에 대해서도 할 수 있다. 그렇다면 내가 속한 특정 집단의 행복을 삶의 목적으로 삼는 것은 어떨까? 영화나 드라마를 보면, 가족의 행복을 위해 헌신하는 사람 이야기가 곧잘 나온다. 자기 가족의 행복을 목적으로 삼아서 사는 사람은 별 문제 없는 사람 아닐까? 사실 철학자나 사회사상가에게 이런 문제만큼 골치 아픈 것도 별로 없다. 이기심과 이타심의 이분법으로 쉽게 판가름하기 어렵기 때문이다.

자기 자식을 위해 목숨까지 바칠 수 있는 부모도 남의 자식을 위해 그렇게 하기는 어렵다. 그렇게 하기는커녕 자기 자식을 살리자고 아무 죄 없는 남의 자식을 희생양으로 삼기도 한다. 자식을 향한 사랑이 맹목적이기 때문이다. 이런 부모는 이기적인 사람인가, 아니면 이타적인 사람인가? 자기 자식만 귀하고, 남의 자식은 귀하지 않은 사람이니, 분명 나쁜 의미로 이기적이다. 하지만 자식을 위해 목숨까지 바칠 정도니 매우 이타적이라고 볼 수도 있지 않을까?

일단 이렇게 생각해 보자. 내가 속한 집단만 귀하고, 집단 밖의 사람들은 함부로 대해도 된다고 생각하는 사람은 타인을 자기와 멀고 가까움에 따라 차별하는 사람이다. 그런데 이런 사람은 자기 가족조차 자신과 멀고 가까움에 따라 차별하기 마련이다. 기본적으로 무례한 자라 자신이 멀게 느끼는 가족보다 가깝게 느끼는 가족을 더 선호하는 것이 왜 문제가 되는지도 판단하지 못한다. 이런 사람의 가족은 진실로 평화롭고 행복할 수 없다.

니체는 도덕을 두 가지로 나눈다. 하나는 탁월한 인간의 도덕이다. 다른 하나는 저열한 인간의 도덕이다. 니체에 따르면, 탁월한 인간의 도덕은 한 인간으로서 좋음과 나쁨, 영어로

'good and bad'의 구분을 판단의 기준으로 삼는다. 반면 저열한 인간의 도덕은 선과 악, 영어로 'good and evil'의 구분을 판단의 기준으로 삼는다. 현대인의 입장에서는 사실 니체의 주장을 이해하기 어렵다. 자본주의 사회는 각자 자기 이익을 위해 분투하며 사는 사회고, 그러다 보면 이해충돌이 곧잘 일어난다. 이럴 때는 도덕과 법에 호소해 옳고 그름을, 선과 악을, 판가름해야 한다. 즉, 현대인에게 도덕이란 선과 악의 구분을 가능하게 하는 것으로서 효용성이 있다. 미안한 말이지만, 이것은 니체에게 현대인이 대부분 저열한 인간이라는 것을 뜻한다.

선악을 왜 따지게 될까? 그 가장 근본적인 이유는 서로 사랑하지도 않고, 사이도 별로 좋지 않아서이다. 사이가 좋지 않은 형제에 관해 생각해 보자. 서로 사랑하는 마음이 없으니 곧잘 이해충돌이 일어나고, 이해충돌이 일어날 때마다 악착같이 시시비비를 가리려 한다. 다른 사람과 다툴 때 우리가 곧잘 "이 나쁜 놈!"하고 말하는 것과 똑같은 이치다. 사랑이 없으니 다툼이 일면 쉽게 상대를 나쁜 사람으로 규정하게 되고, 이는 곧 자신은 착한 자라는 뜻이다.

그런데 정말 그런가? 부모의 눈으로 보면, 제 형제를 악하다고 비난하는 자식이 선하고 곱게만 보일 리 없다. 이러한 자식은 분명 한 인간으로서 저열하니 반드시 그 품성을 바로 잡아야 한다. 결국 품성이 저열해서 형제와의 관계에서조차 자꾸 선악을 따지게 되는 것이다. 품성이 저열한 자식은 다른 형제의 고통은 아랑곳없이 자기의 이익과 행복만 추구하기 마련이고, 이런 자식을 그대로 두면 가족이 행복해지기 어렵다.

이러한 진실은 우리에게 무엇을 알려주는가? 행복을 삶의 목적으로 삼는 것은 저열한 품성 때문에 생기는 일이라는 진실이다. 품성이 탁월한 사람은 자기의 이익과 행복만을 추구하지 않는다. 가족이 진실로 행복해지기를 원하는 부모는 자식을 포함한 모든 가족 구성원이 가족을 사랑하고, 필요한 경우 다른 가족의 고통을 기꺼이 나눌 수 있는 탁월한 품성을 지니게끔 마음을 써야 한다. 행복이란 행복을 추구하는 자에게 주어지는 것이 아니다. 행복을 향한 욕망과 집착을 초연히 이겨내고 타인을 아끼고 사랑할 줄 아는 탁월한 품성을 기르다 보면 그 부산물로서 우리에게 주어질 뿐이다.

같은 이야기를 사회 전체에 대해서도 할 수 있다. 대한민국은 제법 부유한 사회임에도, 불안과 우울에 시달리는 이가 많은 것은 무슨 까닭인가? 왜 우리 사회에서는 극단적인 경쟁의 논리가 횡행하는가? 자기 개인이나 가족의 배타적인 이익과 행복에만 집착하는 사람들이 적지 않기 때문이다. 이런 사람이 많아지면 많아질수록 다툼이 자주 일어나고, 선악의 논리에 악착같이 집착하게 된다. 남을 이웃으로 사랑하는 마음이 없으니 남과 다투면 쉽게 남을 나쁜 사람이라고 여기게 되고, 반대로 자신은 착하고 억울한 사람으로 여기게 된다.

선과 악의 구분에 바탕을 둔 도덕과 법이 큰 힘을 발휘한다는 것은 그만큼 사회가 병들었다는 것을 뜻한다. 그런데 사회가 병들면 행복해질 가능성보다 불행해질 가능성이 더 크게 된다. 사이좋은 형제가 서로를 악인으로 보는 일이 없듯이, 서로를 친근하게 대할 수 있는 사람들은 서로의 좋은 점을 보려 하지 나쁜 점을 보려 하지 않는 법이다.

사람으로 북적이는 거리를 걸을 때, 학교나 회사에서 수많은 학우나 동료와 한 공간에 머물 때, 우리의 마음은 불편할 수도 있고, 편할 수도 있다. 주위 사람이 자기의 이익과 행복에만 집착하는 사람이어서 쉽게 나를 나쁜 사람으로 낙인찍을 수 있다고 생각하면 우리의 마음은 당연히 불편하다. 하지만 주위 사람이 자기의 이익과 행복에 맹목적으로 집착하지 않을 만큼 좋은 품성을 지녔다고 생각하면 우리의 마음은 당연히 편하다. 그들이 나를 악인으로 낙인찍을 리 없고, 나 또한 그들을 악인으로 낙인찍을 리 없는 것이다.

결국 진실로 행복해지길 원하거든 행복을 삶의 목적으로 삼아서는 안 된다는 결론이 나오는 셈이다. 오직 다른 사람과 친근하고 진실한 관계를 맺을 수 있을 만큼 탁월한 품성을 함양하는 것을 삶의 목적으로 삼으라. 행복이란 아름답고 훌륭한 삶의 부산물일 뿐이다.

초인 `자기 고유의 삶을 살아가기`

니체의 철학을 대변하는 개념은 바로 초인이다. 초인은 독일어 위버멘쉬(Übermensch)를 번역한 말인데, 영미권의 초창기 니체 연구자들은 이 말을 곧잘 슈퍼맨(superman)이라고 번역했다. 슈퍼맨의 슈퍼(super)는 '위'를 뜻하는 라틴어에서 온 말이다. 즉 슈퍼맨이란 인간을 초월하는 어떤 특별한 존재를 가리킨다. 하지만 요즘은 보통 오버맨(overman)이라고 번역한다.

독일어 위버멘쉬의 위버(über)는 전치사이기도 하고 접두어이기도 한데, '위'라는 뜻도 있고, '저편으로 넘어서'의 뜻도 있다. 멘쉬(mensch)는 인간을 뜻한다. 위버멘쉬의 영문 번역어인 오버맨의 오버(over)도 위버처럼 '위'를 뜻하기도 하고, '저편으로 넘어서'를 뜻하기도 한다.

왜 위버멘쉬의 번역어로 슈퍼맨보다 오버맨이 더 적합할까? 슈퍼맨은 인간이 아닌 어떤 강력한 존재를 가리키는 말이다. 영화 〈슈퍼맨〉의 주인공이 외계 행성에서 온 엄청난 힘의 소유자인 것처럼 말이다. 하지만 니체가 말하는 위버멘쉬, 즉 초인은 그런 존재가 아니다. 초인은 인간을 가리키는데, 다만 인간으로 머무는 데 만족하지 않고 인간의 한계를 넘어서려 부단히 의지를 발휘할 뿐이다. 한마디로, 초인이란 인간 이상의 그 무엇이 되어가는 과정 속의 존재를 뜻한다.

『차라투스트라는 이렇게 말했다』에서 니체는 인간에게는 두 가지 상반된 삶의 길이 있다고 역설한다. 하나는 인간 이상의 존재가 되어가는 상승의 길이다. 그리고 다른 하나는 짐승 이하의 존재로 퇴락하는 하강의 길이다. 인간이 짐승 이하의 존재로 퇴락할 수 있다는 말은 이해하기 쉽다. '짐승만도 못한 인간'이라는 관용구를 떠올리면 된다. 그런데 인간이 인간 이상의 존재가 된다는 말은 대체 무엇을 뜻할까? 이 말은 혹시 원숭이가 인간으로 진화한 것처럼, 인간 역시 다른 그 어떤 종으로 진화해 가는 중이라는 뜻일까? 그렇지 않다. 니체가 제시한 두 가지 삶의 길은 각각의 개인이 선택해야 하는 길이다. 생물학적인 의미의 진화는 개인의 선택과는 별로 상관없다.

동서양을 막론하고, 옛 성현에게 사람이란 어떤 도덕적 이상을 뜻하는 말이었다. 무슨 말인지 잘 이해가 되지 않으면, '사람이 되어라!'라는 말을 생각하면 된다. 생물학적으로 보면, 이상하기 짝이 없는 말이다. 이미 사람으로 태어났는데 왜 사람이 되라는 걸까? 혹시 내가 원숭이라고 생각하는 걸까? 물론 그렇지 않다. 여기서 사람이란 완성된 인격을 가리키는 말이다. 우리는 진실하고 아름다운 사람이 되어가야 한다. 그냥 속된 인간으로 사는 데 만족하거나, 심지어 짐승만도 못한 인간이 되면 안 된다.

나아가 니체는 인격적으로 완성된 사람이 되라고 권하지 않고, 인간 이상의 존재가 되라고 권한다. 인간에게 삶의 길이 무한히 열려 있다고 보기 때문이다. 거칠게 말해, 인격적으로 완성된 사람이란 니체의 차라투스트라가 산에서 내려온 뒤 처음으로 만난 사람인 숲속의 성자와 같다고 볼 수 있다. 숲속의 성자는 신의 뜻을 따르기를 원하는 사람이었다. 성자가 생각하기에 세상 사람들은 신의 뜻을 이해하고 따르기 어렵다. 그러니 세상 사람들은 대개 동정과 적선에 어울린다.

성자가 말하는 동정과 적선이란 거지처럼 가난하니 불쌍히 여기고 돈을 주라는 뜻이 아니다. 신을 믿는 성자의 관점에서 보면, 세상에서 가장 부유한 자도 영적으로는 빈곤한 거지와 같다. 세상 사람에게는 신의 뜻을 따를 힘과 의지가 부족하다. 그래서 대개 신의 은총을 받기에 적합하지 않다. 이 말은 곧 성자란 신의 뜻을 충실히 따르는 것을 자기 삶의 목적으로 삼고 묵묵히 그 목적을 이루는 자라는 뜻이다. 성자는 신의 뜻을 따를 수 있는 예외적인 사람으로서, 신의 사랑을 받기에 적합하지 않은 세상 사람들을 불쌍히 여긴다.

성자와 헤어지면서 차라투스트라는 의아해하며 말했다.

꿈꿀 권리

"이 늙은 성자는 숲속에서 지내느라 신이 죽었다는 것도 아직 듣지 못했구나!" 신이 죽었다는 차라투스트라의 선언을 정말 말 그대로의 뜻으로 풀면 좀 곤란하다. 신이란 불멸의 존재를 가리키는 말이니 죽은 신 같은 것은 존재할 수 없다. 니체가 말하는 신은 전통적인 권력의 이데올로기적 근거에 지나지 않는다. 전통적 권력이 바라는 인간상을 이상적인 인간상으로 합리화하고 절대화할 근거로 날조된 것이 바로 니체가 말하는 '죽은 신'이다. 기독교의 하나님은 정말 존재하는가? 예수는 정말 하나님의 아들인가? 니체는 이런 문제에는 아무 관심도 없다. 니체가 주목하는 것은 기독교가 유럽의 역사에서 담당해 온 역할과 기능이다. 니체는 기독교가 유럽의 역사에서 삶을 획일화하고 예속화하는 역할과 기능을 수행해 왔다고 본다. 어떻게 기독교는 삶을 획일화하는가? 모든 사람이 마땅히 따라야 하는 삶의 이상을 신의 이름으로 절대화함을 통해서이다. 물론 신의 이름으로 절대화한 것은 누구도 거부할 수 없고, 거부해서도 안 된다. 그러니 기독교가 지배해 온 유럽의 역사는 획일화되고 예속화된 삶의 역사와 같다. 누구나 신의 이름으로 절대화한 삶의 이상을 따라야 했다.

　한 가지 주의할 점은 니체의 기독교 비판은 기본적으로 유럽의 기독교를 향하고 있다는 것이다. 유럽화하기 이전의 초기 기독교 역시 니체가 부정적으로 보았는지는 불분명하다.

그렇다고 주장하는 연구자도 있지만, 그렇지 않다고 주장하는 연구자도 있다. 혹시 니체는 기독교는 거부해도 동양의 유교 사상은 받아들일까? 한국을 비롯한 동아시아 국가의 전통은 대개 기독교와 무관하다. 그러므로 '사람이 되어라!'라는 우리말 관용구를 니체의 기독교 비판과 직접적으로 연결하기는 조금 곤란하다. 이 문제에 관해 확실하게 말하기는 어렵다. 니체는 유교에 관해 거의 아무 말도 하지 않았고, 본격적으로 연구해 보지도 않았다. 그래도 한 가지는 분명하다. 니체는 모든 사람이 마땅히 따라야 할 삶의 이상이 있다는 생각을 거부한다. 만약 유교를 모든 인간이 마땅히 따라야 할 삶의 이상을 제시하는 사상으로 생각한다면, 니체가 유교 역시 거부했을 것이라고 보는 것이 맞다. 그렇다고 니체가 성인군자의 이상을 단순히 부정적으로 보았을 것이라고 생각할 필요는 없다. 어떻게 보면, 니체가 말하는 초인은 공자나 맹자가 말하는 성인군자와 비슷하다.

니체는 초인을 '그 무엇을 향한 지극한 사랑 때문에 스스로 자신의 몰락을 선택하는 자'라고 규정한다. 매우 거창하고 어렵게 들리지만, 실은 쉽고 단순한 말이다. 그 무엇을 지극히 사랑하면, 사람은 저절로 자신의 몰락을 두려워하지 않게 된다. 진실로 사랑하는 자식을 지키기 위해서라면, 연인과 친구를 지키기 위해서라면, 사람은 목숨을 걸고 뛰어들기도 한다.

꿈꿀 권리

사랑 때문에 자신의 몰락과 죽음마저 감내하게 되는 것이다.

공자나 맹자가 소인이라고 말하는 보통 사람과 성인군자 사이의 차이는 무엇일까? 소인은 사랑의 범위가 작다. 정말 가까운 가족이나 친구, 이웃이 아니면 크게 사랑하기 어렵다. 하지만 성인군자의 사랑은 그 범위에 제한이 없어서 모두를 크게 사랑한다. 니체가 말하는 초인의 사랑 역시 실은 이와 같다. 성인군자의 제일 관심은 무엇일까? 사람을 선하고 훌륭하게 만들고, 그럼으로써 세상을 살기 좋게 하는 것이다. 하지만 니체의 초인이 원하는 것은 이런 것이 아니다. 그렇다고 니체가 사람을 선하게 만드는 데 반대한다고 생각할 필요는 없다. 성인군자의 선함은 자기의 이익과 행복에 집착하는 마음을 극복하지 못해 자꾸 시비를 가리는 데만 마음을 쏟는 자의 선, 즉 'good and evil'의 'good'이 아니다. 성인군자의 선함은 질적으로 탁월한 그 품성에 기인한다. 즉 품성의 '좋음과 나쁨'(good and bad)의 '좋음'(good)이 성인군자가 선한 사람이 되게 하는 그 근거이다. 질적으로 탁월한 품성을 지니고 있어서 자기 이익에만 집착하지 않고 남들도 두루두루 사랑하니 결국 선하다는 뜻이다.

하지만 니체는 탁월한 자가 취해야 할 삶의 길을 보다 진취적이고 적극적으로 해석한다. 니체에게 삶이란 본래 고유하고 자유로운 삶을 살아갈 힘을 향한 의지와 같은 것이다. 고유하고 자유로운 삶의 특징이란 무엇인가? 우리는 어떻게 해야 고유하고 자유로운 삶을 살 수 있을까? 이 질문에 대한 대답은 두 가지로 나뉜다. 하나는 성인군자의 의연한 마음을 지녀야 능히 고유하고 자유로운 삶을 살 수 있게 된다는 대답이다. 달리 말해 성인군자의 의연한 마음은 초인이 되는 데 필요한 그 조건이다. 다른 하나는 성인군자의 의연한 마음 자체를 삶의 목적으로 삼지 말고 다만 자유롭고 창조적인 삶의 출발점으로 삼으라는 대답이다.

오직 고유하고 자유로운 존재이기를 꿈꾸라!

자유롭고 창조적으로 살려면 우선 탐욕을 극복할 성인군자의 강하고 독립적인 마음을 본받아야 한다. 마음이 진실로 강하지 못하면 능히 홀로 설 수 없고, 그 때문에 탐욕의 대상에 얽매이게 된다. 탐욕이 크면 클수록 맹목적인 경쟁심도 커진다. 돈에 마음이 얽매인 자는 돈을 두고 다른 사람과 경쟁하게 되고, 결국 남들과 똑같은 가치를 추구하는 존재가 되고 만다. 물론 권력과 명예에 마음이 얽매인 자 역시 마찬가지다. 그런데 남들과 똑같은 가치를 추구하는 존재는 결코 고유하고 자유로운 존재일 수 없다. 그러니 고유하고 자유로운 삶을 살아갈 힘을 향한 의지는 마음을 아무것에도 얽매이지 않은 독립적인 것으로 풀어놓고자 하는 의지와 같다.

오직 고유하고 자유로운 존재이기를 꿈꾸라! 니체의 초인은 인격적 자기완성이라는 성인군자의 도덕을 부정하는 자가 아니다. 초인이란 도리어 성인군자의 도덕을 고유하고 자유로운 삶을 창조할 근거로 삼으라고 권하는 자다. 바로 이것이 니체가 말하는 힘에의 의지의 뜻이다. 자기 고유의 삶을 자유롭게 창조할 수 있는 힘을 보존하고 증진하는 것 – 니체에게는 오직 이것만이 유일하게 참다운 삶의 길이다.

그렇다면 니체의 초인은 공맹의 성인군자와 무엇이 다를까? 이 질문에 대한 대답은 고유함과 창조에서 찾을 수 있다. 진실로 고유하고 창조적인 삶이 무엇인지 공맹의 사상에서 발견하기는 쉽지 않다. 성인군자는 인격적 자기완성을 성취해 내는 사람이고, 그럼으로써 다른 모든 사람에게 모범이 된다. 이 말은 곧 성인군자의 생애 자체가 모든 사람이 마땅히 따라야 할 삶의 이상으로 작용한다는 것을 뜻한다.

니체의 관점에서 보면, 강하고 의연한 마음을 지니려 애쓰는 것은 어떤 이상을 따르기 위한 것이 아니라 오직 자기 고유의 창조적 삶을 자유로이 살기 위한 것일 뿐이다. 자기 고유의 창조적 삶이라는 말을 너무 거창하게만 생각할 필요는 없다. 그 누구에게 사랑의 감정을 느끼게 되는 경우를 생각해 보자.

마음이 돈이나 명예 같은 세속적 가치에 얽매여 있으면 사랑의 감정을 표현하는 데 여러 제약이 따르기 마련이다. 상대와 연인이 되는 게 자기에게 유리한지 불리한지 따져야 하고, 유리하면 유리한 방향으로 사랑의 감정을 조절해야 하고, 불리하면 사랑의 감정을 억눌러야 한다.

설령 상대와 연인이 되는 게 유리하다고 판단해서 연인이 되어도 연인과의 관계를 진실로 아름답게 만들어 나가기는 어렵다. 지금 자신에게 불리하면 사랑의 감정조차 억누를 사람은 앞으로도 그럴 것이고, 그런 사람에게 순수하고 아름다운 사랑은 허용되지 않는다. 결국 돈이나 명예 같은 세속적 가치에 마음이 얽매인 사람은 순수하고 아름다운 사상을 하는 데 무능력한 자라는 결론이 나온다. 간단히 말해, 치사한 인간은 그 누구와도 아름다운 인간관계를 맺을 수 없다.

자신의 삶에서 아름답고 순수한 사랑의 감정이 막힘없이 흐르게 하려면, 탐욕을 이겨낼 수 있는 강하고 의연한 마음을 지녀야 한다. 그러나 강하고 의연한 마음을 지니는 것 자체가 인생의 목표일 수는 없다. 그것은 다만 자기 고유의 삶을 자유롭게 창조하는 데 필요한 그 전제일 뿐이다. 그 어떤 연인도 자신의 마음을 강하고 의연하게 하는 것을 연애의 목적으로 삼지 않는다. 다만 사랑의 관계가 자아낼 아름답고 멋진 삶을 자기 고유의 방식으로 창조해 내려면 치사한 마음을 극복해야 함을, 진실로 강하고 의연한 마음이 되어야 함을, 그저 알 뿐이다.

독일의 작가 안톤 슈낙은 『우리를 슬프게 하는 것들』이라는 에세이로 유명하다. 무엇이 우리를 슬프게 할까? 울고 있는 아이, 좋지 못한 시험 성적, 투자 실패 등 우리를 슬프게 하는 것은 많다. 그러나 우리를 슬프게 하는 것 중 으뜸은 자기 고유의 삶을 자유로이 살지 못하는 무능력이다.

극단적인 경쟁의 논리가 지배하는 사회에서는 이러한 진실을 알아차리기 힘들다. 외형적 성공에 마음을 빼앗기기가 쉽기 때문이다. 경쟁심은 대체 왜 일어나는가? 성인군자처럼 탁월한 인간 되기 경쟁이 아니라면, 경쟁심이란 남들과 똑같은 것을 얻으려고 하기 때문에 생기는 것이다. 남들과 똑같이 좋은 성적을 얻고 싶고, 남들과 똑같이 돈을 많이 벌고 싶고, 남들과 똑같이 좋은 자리 차지하고 싶어서 자꾸 경쟁심이 생기는 것이다. 탁월한 인간 되기 경쟁은 남들과 똑같은 것을 얻으려는 마음과 무관하다. 인성의 탁월함이란 얻어서 소유할 수 있는 것이 아니다. 그것은 그저 아름답고 훌륭한 삶을 살아갈 역량을 가리킬 뿐이다.

남들과 똑같은 것을 얻으려는 마음이 강해서 경쟁심이 커지면 어떻게 될까? 흔히 '속물'이라고 부르는 사람이 된다. '속물'의 사전적 의미는 세속적인 이익이나 명예에만 마음이 급급한 사람이다. 그렇다면 남들 다 원하는 좋은 성적, 많은 돈 등을 얻지 못해 안달하며 생활하는 사람은 틀림없이 속물이다. 동서양의 옛 성현의 관점에서 보거나, 니체의 관점에서 보거나, 속물의 삶은 별로 성공적이지 못하다. 돈이나 명예 같은 세속적인 가치를 축적하는 데는 성공적이었을지 몰라도, 죽을 때까지 속물로 남았으니 결국 그 인생은 실패한 것이다.

이런 말을 듣고 나면, 마음속으로 '아이고, 나는 돈 욕심 많은 사람이니, 그냥 죽을 때까지 속물로 남으련다!'라고 자조적으로 생각하기 쉽다. 하지만 돈 욕심이 없는 사람은 거의 없다. 사람 중 성인군자나 초인으로 분류될 만한 이는 지극히 적다. 절대다수의 사람은 죽을 때까지 속물근성을 아주 버리지는 못한다. 그래서 성인군자가 아니라 소인이고, 초인이 아니라 그저 인간이다. 그래도 아주 체념할 필요는 없다. 아니, 체념해도 안 된다. 돈을 많이 벌기 위해서라도 돈 욕심에 조금 초연해질 필요가 있다. 욕심에 초연하지 못한 사람은 집착하는 마음이 커서 냉정하고 현명하게 판단하기 어렵기 때문이다.

대부분의 사람들은 이런 세상 원리를 이미 다 알고 있다. 아이 여럿이서 과자를 한 봉지 나누어 먹는 경우를 생각해 보자. 혼자 많이 먹고 싶은 마음을 노골적으로 드러내는 아이는 그 순간에는 다른 아이보다 과자를 많이 먹게 될지 모른다. 하지만 그 대신 자기 때문에 과자를 적게 먹게 된 아이들의 미움을 사게 된다. 반대로 욕심을 잘 억제해서 다른 아이들과 사이 좋게 나누어 먹으면 비록 그 순간 적게 과자를 먹어도 다른 아이들의 우정을 얻게 된다. 물론 과자를 조금 더 먹고 다른 아이들의 미움을 사는 것보다 조금 덜 먹고 다른 아이들의 우정을 얻는 것이 훨씬 더 낫다. 욕심에 초연하지 못하면 자기에게 불리한 상황을 만들게 되지만, 초연하면 유리한 상황을 만들게 되는 것이다. 결국 욕심에 초연할 수 있어야 여러모로 좋다는 결론이 나온다. 자연스럽게 욕망을 이룰 확률도 높아지고, 자기에게 유리한 상황을 조성해서 기분 좋게 생활하게 될 가능성도 커진다.

물론 진실로 성공적인 삶을 살고 싶거든 어떻게 해야 자기에게 유리한지 시시콜콜히 따지는 자잘한 마음도 극복해야 한다. 니체는 커다란 악인보다 마음이 자잘한 자가 더 경멸받아 마땅하다는 식으로 말한다. 주로 두 가지 이유 때문이다.

첫째, 마음이 자잘한 자는 아무리 겉보기로는 훌륭해도 결국 속물이다. 세속적인 것을 얻으려는 욕심에 마음이 얽매여 있어 자기 고유의 삶을 자유롭게 창조할 수 없다. 이 말은 결국 진실로 즐겁고 기쁜 삶을 살기 어렵다는 뜻이기도 하다. 욕심에 진실로 초연하면 진실로 즐겁게 친구들과 어울릴 수 있지만, 겉으로만 초연하면 겉으로만 즐거울 뿐 속으로는 계산

하느라 바쁘고, 남몰래 스트레스는 쌓여간다.

둘째, 사람 사는 세상을 추하고 불행한 세상으로 만드는 가장 커다란 원인은 바로 마음이 자잘한 자들이 너무 많다는 것이다. 적어도 니체의 관점에서 보면 그러하다. 마음이 자잘한 자는 자기의 이익과 행복에의 집착을 끝내 이겨내지 못하는 법이다. 그 때문에 세상에 크나큰 화를 초래할 일도 적은 이익이라도 생기면 찬성해 버린다. 세상에서 불의한 세력이 득세해서 수많은 사람에게 크나큰 고통을 안기는 그 근본 원인을 니체는 마음이 자잘한 인간이 세상에 너무 많다는 것에서 찾는다.

결국 소탐대실이다. 어떻게 해야 자기에게 유리한지 시시콜콜히 따지는 데만 전념하는 마음을 버리지 못하는 사람은 적은 것을 탐내는 바람에 크게 잃는다. 자신이 그 안에서 살아야 할 세상 자체가 추하고 고통스럽게 되니 말이다.

영원회귀 순수한 기쁨과 긍정의 정신을 함양하라

마음이 자잘한 사람을 니체는 '끝물 인간'이라고 부른다. 글자 그대로 번역하면 '마지막 인간'인데, '말종 인간', '말인' 등으로 번역되기도 한다. 그런데 사실 말종 인간이나 말인은 좋은 번역어가 아니다. 말종 인간이나 말인은 인간 말종을 연상시키는데 사실 인간 말종은 우리 가운데 소수다. 그리고 그래야 한다. 사람들 대다수가 인간 말종이면 세상이 도대체 어떻게 되겠는가? 그런데 니체가 말하는 '끝물 인간'은 대다수 현대인이다. 니체가 보기에 대다수 현대인은 자잘한 마음을 지녔다는 뜻이다.

마음이 자잘한 끝물 인간의 특징은 무엇일까? 니체의 주장에 따르면, 자기의 적당한 행복 실현만을 추구한다는 것이 끝물 인간의 특징이다. 그런데 끝물 인간이란 철저하게 이기적이고 자기중심적이어서 만나면 기분 나쁠 인간이라고 생각하면 안 된다. 사이코패스라면 어떨지 모르지만, 사람은 행복해지려면 좋은 인간관계도 맺을 줄 알아야 한다. 사실 '나는 나쁜 사람이요!'하고 노골적으로 티를 내고 다니는 사람은 좀 어리석은 사람이다. 나쁜 사람이란 자기 이익을 위해 남에게 피해 끼칠 사람이니 자기는 나쁜 사람이라고 티를 내는 자를 환대할 사람은 없다. 그러니 나쁜 사람이어도 똑똑하면 좋은 사람인 척하며 살기 마련이다.

끝물 인간은 대개 그 누군가의 좋은 친구이고, 또 좋은 이웃이다. 적당히 행복해지려면 적당히 사이좋은 친구나 이웃도 있어야 한다는 것을 알기 때문에, 자기의 행복을 위해 좋은 인간관계 맺는 데 제법 열심이다. 그런데 딱 거기까지다. 정의롭고 올바른 일이어도 자기에게 손해가 되고, 자기의 행복 실현에 조금이라도 방해된다면 기를 쓰고 불의한 일로 낙인 찍고 반대한다. 수많은 사람이 큰 화를 입을 일이어도 자기에게 이익이 되고, 자기의 행복 실현에 조금이라도 도움이 된다면 기를 쓰고 정의로운 일로 포장하고 찬성한다.

극심한 경쟁의 논리가 지배적인 사회에서 사는 사람은 대개 꽤 어릴 때부터 이런 사람을 알게 된다. 겉으로는 선하고 부드럽지만, 이익을 위해 가까이 지내던 이웃이나 친구에게조차 차갑고 잔인해질 수 있는 사람 말이다. 니체가 생각하는 것처럼 현대인 대다수가 끝물 인간이라고 믿고 싶지는 않다. 그러나 현대인 중 끝물 인간으로 불릴 만한 사람이 적지 않다는 것은 부정하기 어렵다.

니체에게 이 시대를 불행하게 하는 그 근본 원인은 끝물 인간의 적당한 행복주의다. 끝물 인간 본성을 크게 발휘하며 사는 자는 자기도 불행하게 만들고, 가족을 비롯한 주위 사람도 불행하게 만들며, 결국 자신이 속한 사회도, 더 나아가 온 세상을 불행하게 만든다. 사람 때문에 생기는 온갖 불행의 근본 원인은 평범한 다수의 자잘한 마음이라는 뜻이다.

어떤 사람의 삶이 고유하고 창조적일까? 예술가의 삶일까? 굳이 직업으로 나눌 필요는 없다. 대단한 재능을 타고난 예술가라도 마음이 자잘하면 자기의 삶을 고유하고 창조적으

꿈꿀 권리

로 만드는 데 결국 실패하게 된다. 아무리 훌륭한 작품을 만들어도, 아무리 많은 사람의 칭찬을 들어도, 작품을 창조할 자기의 역량을 고유하고 창조적인 삶을 살아갈 역량으로 전환하지 못하게 된다.

우리는 앞에서 초인이 되려면 성인군자의 의연한 마음을 본받아야 하지만, 성인군자의 생애 자체를 삶의 목적으로 삼아서는 안 된다는 것을 확인했다. 공자와 맹자는 왜 성인군자의 삶을 이상적인 삶으로, 우리가 마땅히 추구해야 할 삶의 목적으로, 제시했을까? 거의 모든 사람이 돈이나 권력, 명예에 얽매여 있는 자잘한 마음의 한계를 끝내 극복할 수 없다고 보았기 때문이다. 우리 가운데 오직 극소수만이 능히 성인군자가 될 수 있다. 그러니 공자도 맹자도 신이 죽은 줄 모르고 살던 숲속의 성자와 다소간 닮은 셈이다.

성인군자는 능히 성인군자가 될 수 없는 세상 사람을 불쌍히 여기는 자다. 그래서 세상 사람이 행복하게 살 수 있도록 욕심을 버리고 마음을 훌륭하게 만드는 것을 삶의 목적으로 삼으라고 권면한다. 욕심 많은 사람이 많을수록 세상이 혼탁해져 불행한 사람의 수가 늘고, 마음이 훌륭한 사람이 많을수록 세상이 깨끗해져 행복한 사람이 수가 늘 것이다. 즉 성인군자는 성인군자가 되지 못할 세상 사람을 어여삐 여겨 세상 사람이 행복해질 가능성을 발견하고 실현하려 애쓰는 자다.

그런데 현대사회는, 모두가 자기 이익을 추구하며 살게끔 끝없이 몰아세우는 자본주의 사회는, 성인군자의 이상을 추구하기가 불가능하게 되었다. 아니 어쩌면 사람 사는 세상이란 본래 그런 것인지도 모른다. 성인군자의 이상을 추구하는 사람이란 가난해도 능히 만족할 수 있는 사람이다. 그런데 인간 세상이란 예나 지금이나 탐욕스러워 악착같이 돈과 권력을 추구하는 자가 큰 힘을 발휘하는 곳이다. 인품이 선하고 탁월한 자는 고난받기 쉽고, 반대로 악하고 저열한 자는 도리어 잘살기 쉬운 더러운 세상 이치가 사람 사는 곳에는 있다는 뜻이다.

'신은 죽었다!'라는 니체의 선언은 바로 이러한 성찰에서 출발한다. 단순히 자기의 마음을 훌륭하게 만드는 것만으로는 세상에 근본적인 변화를 가져올 수 없다. 중요한 것은 탐욕에 무너지지 않을 강하고 의연한 마음을 지닌 사람들이 자잘한 인간들이 내세우는 가치를 압도할 수 있는 새로운 삶의 가치를 창조하고 실현해 나갈 수 있느냐의 문제이다.

어떻게 하면 그럴 수 있을까? 대답은 간단하다. 탐욕으로 흐려진 마음을 청명하게 하면 된다. 영웅이 아니라도 상관없다. 자기에게 주어진 역량을 최대한 발휘해서 마음을 우선 청명하게 하고, 청명한 마음이 이끄는 대로 실천하며 살면 된다.

아이들끼리 어울려 노는 경우를 생각해 보자. 우정보다 탐

꿈꿀 권리

욕을 앞세울 만큼 마음이 흐리고 자잘한 아이들이 많으면 즐겁고 기쁘게 놀게 될 리 만무하다. 마음이 흐리고 자잘한 아이들의 특징은 즐겁고 기쁘게 노는 데 전념하기보다 이기는 데만 마음 쓴다는 것이다. 경쟁심이 강하고 맹목적이기 때문이다. 그런데 경쟁심이 강하고 맹목적인 아이가 많으면 다툼이 쉽게 일어나고, 다툼이 일어날 때마다 마음이 흐리고 자잘한 아이들은 시시비비를 가리는 데 열심이다. 자신과 다투는 다른 아이를 나쁜 아이로 만들어야 자기는 올바르고 정당한 아이가 되기 때문이다. 틈날 때마다 선악의 기준을 앞세워 다른 사람을 나쁜 아이로 낙인찍는 데 바쁘니, 즐거움과 기쁨을 많이 누리게끔 자유롭고 창조적으로 놀기가 불가능하다. 자기의 이익과 행복에만 마음 쏟는 자잘한 인간들의 세상이 딱 이와 같다.

이러한 문제를 어떻게 하면 해결할 수 있을까? 두 가지다. 우선 아이들 마음이 탐욕이 아니라 우정을 앞세울 만큼 청명해져야 한다. 그리고 마음이 청명한 아이와 그렇지 못한 아이가 공존하는 경우, 전자가 후자를 압도하게끔 해야 한다. 어떻게 그럴 수 있을까? 어른의 도움을 받아야 할까? 그래서는 안 된다. 마음이 청명한 아이 스스로 마음이 청명하지 못한 아이를 압도할 만큼 강해져야 하고, 현명해져야 한다.

니체가 현대인에게 권면하는 것이 바로 이것이다. 현대인이 무엇을 어떻게 해야 하는지에 관한 니체의 생각을 간추리면 다음과 같다.

우선 너희의 마음을 청명하게 하라. 하지만 너희의 마음을 청명하게 하는 것 자체를 삶의 목적으로 삼지는 말라. 너희는 마음이 청명하지 못한 자를 압도할 힘과 방안을 스스로 마련해야 하고, 그럼으로써 세상이 마음이 청명하지 못한 자의 가치가 아니라 청명한 자의 가치에 의해 움직이도록 해야 한다. 그런데 그러려면 아무도 동정하려 해서는 안 된다. 도리어 모두가 기어이 청명한 마음을 지니게끔, 동정심을 받기에 적합한 자가 아니라 스스로 독립적이고 의연한 마음으로 오직 고유하고 창조적인 삶만을 추구하게끔, 부단히 애쓰라. 동정심을 받기에 적합한 자가 많은 세상은 결국 퇴락할 것이기 때문이다.

니체 사상의 핵심은 바로 '영원회귀'이다. 영원회귀는 보통 니체의 사상에서 이해하기 가장 어려운 개념으로 꼽힌다. 하지만 실은 그 반대이다. 니체의 사상에서 이해하기 가장 쉬운 개념이다. 자꾸 이론적으로 시시콜콜히 그 의미를 따지려 들기 때문에 어렵다고 느낄 뿐, 구체적인 삶의 상황에 대한 이해에서 출발하면 영원회귀는 단순하고 분명하며, 명쾌한 개념이다.

니체에게 영원회귀란 우리에게 불멸의 영혼이 있어 끝없이 되풀이 살게 된다는 뜻이 아니다. 그것은 다만 지금의 삶이 끝없이 되풀이된다고 전제해도 그 삶을 무조건 긍정할 수 있게끔 살라는 뜻이다. 설령 지금의 삶이 고통스러운 것이어도 말이다.

어떻게 그럴 수 있을까? 행복한 삶, 즐거움과 기쁨으로 가득 찬 삶이야 몇 번이고 되풀이되어 살아도 좋지만, 고통스러운 삶은 한 번으로 족하지 않을까? 고통스러운 삶이 되풀이되어도 좋다고 생각하라는 것은 너무 잔인한 요구가 아닐까?

초인은, 그 무엇을 향한 크나큰 사랑의 마음으로 기꺼이 자신의 몰락을 감내한 사람은, 자신이 사랑하는 것을 위해 필요하다면 다시 기꺼이 자신의 몰락을 감내할 것이다. 아니, 도리어 그는 능동적으로 자신의 몰락을 몇 번이고 되풀이해서 감행한다. 그는 고통 앞에서의 두려움에 무너지기보다 사나운 사자처럼 용맹해질 것이고, 삶을 향한 그 자신의 열정과 사랑이 최종적인 승리를 거둘 때까지 지치지 않고 싸울 것이다. 바로 이것이 니체가 말하는 영원회귀의 의미이다.

다시 한번 강조하지만, 니체의 사상을 너무 거창하게만 생각할 필요 없다. 영웅의 자질을 지닌 자는 크게 싸우면 되고, 그렇지 못한 자는 자기의 한계 안에서 최선을 다해 싸우면 된다. 부모로서 진실한 자는 이미 알고 있다. 자식을 위해서라면 희생의 삶을 기꺼이 반복할 것임을 마음 깊은 곳에서 언제나 이미 자각하고 있다. 연인으로서 진실한 자는 이미 알고 있다. 연인을 위해서라면 기꺼이 희생할 것이고, 두려워하기보다 연인을 위해, 사랑의 승리를 위해, 사납게 싸울 것이다.

그런데 이런 사람의 삶은 본래 큰 고통 속에서도 기쁘고 충실한 것이기를 그치지 않는 법이다. 그는 자신이 진실한 존재임을 알고 있고, 그 진실함이 독립적이고 의연한 마음으로부터 비롯된 것임을 깨닫고 있다. 그 자신이 그러하기에 그는 세상을 긍정할 수 있고, 세상에서 살아가는 모든 사람 또한 긍정할 수 있다. 모두에게 진실한 존재가 될 수 있는 가능성이 열려 있음을 알기 때문이다.

진실한 의미의 기쁨이란 바로 이런 것이 아닐까? 물론 돈을 벌면 기쁘고, 좋은 성적을 받아도 기쁘다. 그러나 주위의 사람에게서, 그리고 자기 자신에게서, 진실한 인간성을 발견할 수 없는 자는 오직 공허하고 경박한 기쁨만을 느낄 뿐이다. 진실한 인간성이란 우리가 추구해야 할 미래의 목적으로 주어져 있는 것이 아니다. 그것은 다만 자잘한 마음의 한계를 이겨내는 순간마다, 이익과 행복에 집착하는 지극히 인간적인 것의 속박을 넘어 초인이 되기를 선택할 때마다, 삶의 충일한 진실로서 드러나는 것이다.

꿈의 깊이는 타자에 대한 응답이다

레비나스

심상우

"나의 꿈은 타자 앞에서 어떤 책임을 만들어내는가?"

꿈을 통해 본 '나'와 '타자'

현대 사회에서 '꿈'은 대체로 자기실현, 성공, 행복 같은 개인의 성취와 연결되어 이해된다. 학교나 상담에서도 "당신은 어떤 사람이 되고 싶은가요?", "당신의 가능성을 마음껏 펼쳐보세요", "너는 소중한 존재야" 같은 말로 개인의 잠재력과 자존감을 강조한다. 이런 접근은 어린 시절 우리가 진로를 찾고 자신을 이해하는 데 분명 도움이 된다. 하지만 그 과정에서 꿈이 '나 혼자 잘되는 일'로만 좁혀질 위험도 있다. 즉, 인간을 고립된 개인으로 보고 꿈을 '나의 목표'로만 생각하게 만드는 근대적 사고방식이 숨어 있는 셈이다.

레비나스 · 꿈의 깊이는 타자에 대한 응답이다 | 심상우

그런데 우리는 사실 혼자 존재하지 않는다. 사람은 친구, 가족, 이웃, 사회 속에서 관계를 맺으며 성장하고, 그 관계 속에서 '나는 누구인가'를 배워 간다. 그래서 꿈도 '나만의 목표'로만 이해될 때 한계를 드러낸다. 실제로 많은 사람들이 자기 생각과 성취에 몰입하느라 타인의 아픔이나 공동체 속 책임을 깊이 고민하지 못하는 상황을 겪는다. 그렇다면 이런 질문을 던져볼 수 있다.

"내 꿈은 정말 나만을 위한 것일까?" "꿈은 다른 사람들과의 관계 속에서 달라질 수 있을까?" 이 질문에 새로운 길을 열어주는 철학자가 에마뉘엘 레비나스(Emmanuel Levinas)다. 레비나스는 인간을 '완성된 존재'로 보지 않는다. 레비나스는 우리가 혼자서 '나'가 되는 게 아니라, 다른 사람(타자)을 만나는 순간부터 진짜 '나'가 만들어진다고 말한다. 그 핵심이 바로 '타자의 얼굴'이다. 여기서 말하는 얼굴은 단순히 생김새가 아니다. 누군가 힘들어 보일 때 말은 하지 않아도 "나 좀 이해해 줘…", "내 상황 좀 봐줘…" 라고 조용히 전해지는 그 표정, 그 기운, 그 존재 자체를 뜻한다.

레비나스는 우리가 이런 얼굴을 마주할 때 자연스럽게 "저 사람에게 어떻게 응답해야 하지?"라는 마음, 즉 책임지고 싶은 마음이 생긴다고 보았다. 그는 이 책임이 누가 억지로 떠넘긴 부담이 아니라, 사람답게 살아가기 위해 꼭 필요한 마음이라고 말한다. 그리고 바로 그 책임에 응답해 보려는 노력 속에서 우리는 더 깊고 성숙한 '나'로 자라난다고 설명한다.

이런 관점에서 보면, 꿈은 단순히 나만 잘되기 위한 성공의 도구로 이해될 수 없다. 꿈은 다른 사람과의 관계 속에서 자라나는 삶의 방향이며, 우리가 꾸는 꿈도 결국 자기중심적 욕망을 넘어서 '타인을 위한 가능성'이 함께 열릴 때 더욱 단단해질 수 있다. 다시 말해, 꿈은 나 혼자만을 향한 목표가 아니라, 누군가를 향한 응답의 행동이 될 수 있고, 그 응답을 통해 우리는 더 넓고 깊은 의미의 '나'를 만들어 가게 된다.

이런 생각은 교육의 현장에서도 쉽게 찾아볼 수 있다. 일본의 교육학자 사토 마나부(佐藤 学)는 '배움의 공동체'를 강조하며, 배움을 단순히 지식을 외우는 활동이 아니라, 서로 다른 사람을 이해하고 대화하며 함께 문제를 해결하는 과정이라고 설명한다. 배움이 관계 속에서 이루어지듯, 꿈도 관계 속에서 더 명확해지고 성장한다는 것이다. 만약 내가 꾸는 꿈이 오직 내 성공만을 위한 것이 아니라, 다른 사람과 함께 살아가며 의미를 만들어가는 삶 속에서 실현된다면, 그 꿈은 닫힌 목표가 아니라 타인을 향한 열린 책임으로 변화한다. 결국 꿈과 배움은 모두 타자와 함께 성장하는 삶의 실천이라는 점에서 깊이 연결된다.

이러한 관점은 레비나스만의 철학적 통찰에 머물지 않는

레비나스 · 꿈의 깊이는 타자에 대한 응답이다 | 심상우

다. 철학자 한나 아렌트(Hannah Arendt) 역시 인간의 자유와 정체성은 혼자서 고립된 채 만들어지는 것이 아니라, 다른 사람들과의 만남과 관계를 통해 드러난다고 보았다. 결국 자기실현 또한 관계 속에서 이루어진다는 점에서, 아렌트의 생각은 레비나스의 타자철학과 자연스럽게 이어진다. 두 사람 모두 인간의 삶을 혼자가 아닌 '함께'의 구조 속에서 이해해야 한다는 공통된 메시지를 전하고 있다.

　레비나스는 진짜 꿈이란 내가 혼자 머릿속에서 꾸는 상상이 아니라고 말한다. 그는 우리가 다른 사람과 마주할 때, 그 사람의 삶과 표정, 필요와 어려움을 볼 때 비로소 "나는 어떻게 살아야 하지?", "무엇을 해야 하지?"라는 깊은 질문이 생기고, 그 질문이 진짜 꿈을 만들어 준다고 본다. 즉 진정한 꿈은 혼자서 꾸는 것이 아니라, 누군가와 마주하며 책임을 느끼는 순간에 시작되는 것이라는 뜻이다. 예컨대 어떤 학생이 처음에는 의사가 되면 성공할 수 있다는 이유로 꿈을 세웠다고 가정해 보자. 그런데 병원 봉사나 가족의 아픔, 혹은 아픈 친구를 곁에서 지켜보는 경험을 하게 된다면 그의 꿈이 달라질 수 있다. 이제 그 꿈은 이전과는 다른 누군가의 고통을 덜어주고 싶다는 책임과 응답의 의미를 갖게 된다. 이처럼 타자의 아픔은 꿈을 다시 생각하게 만들고, 욕망은 응답으로, 목표는 소명으로 바뀐다.

그럼에도 오늘날 누군가에게 꿈을 묻게 된다면 여전히 직업의 이름으로만 정의되곤 한다. "나는 의사가 되고 싶다", "나는 댄서가 되고 싶다" 같은 말이 나의 성공한 서사로 굳어지기 때문이다. 하지만 레비나스의 사유는 여기에 근본적인 질문을 던진다.

"그 직업으로 누구를 돕고 싶은가?"

"나의 성공은 타인의 삶과 어떤 관계가 있는가?"

이러한 질문은 꿈을 단순히 "앞으로 어떤 직업을 가질까?"를 결정하는 문제가 아니라, 어떤 방식으로 살아갈 것인가를 묻는 윤리적 선택으로 전환시킨다. 레비나스는 서양 철학이 오랫동안 "세계는 무엇인가?", "인간이란 무엇인가?", "존재한다는 것은 무엇인가?"와 같은 존재(being)에 대한 질문에 지나치게 집중해 왔다고 비판한다. 그는 이러한 사유 방식이 결국 '나'와 '세계'를 이해하는 데만 몰두하게 만들었고, 그 과정에서 정작 가장 중요한 문제, 즉 내 앞에 있는 타자에게 나는 어떤 존재여야 하는가라는 질문을 소홀히 하도록 만들었다고 지적한다.

쉽게 말해 서양철학은 너무 오래 "나는 어떤 사람인가?", "세계는 어떻게 생겼는가?"만 고민했을 뿐, "내 앞에 있는 사람에게 나는 어떤 책임을 져야 하는가?"라는 질문은 충분히 하지 않았다. 레비나스가 문제삼은 지점은 바로 여기에 있다.

레비나스 · 꿈의 깊이는 타자에 대한 응답이다 | 심상우

그는 진정한 철학은 존재를 설명하는 학문이 아니라, 타자와의 관계 속에서 책임을 묻는 윤리를 중심에 두어야 한다고 주장한다. 기존의 철학은 타자를 이해 가능한 대상, 즉 '나의 기준 안으로 들어오는 존재'로 환원시켜 버렸고, 그렇게 함으로써 타자의 고유한 다름과 고통, 요구는 지워질 위험에 놓여 있다고 본다.

레비나스에 따르면 윤리는 타자의 얼굴 앞에서 시작된다. 이는 단순히 도덕적으로 착하게 행동하라는 뜻이 아니라, 나의 관점만으로 세계를 해석하려는 닫힌 사고에서 벗어나, 타자의 존재를 그 자체로 존중하는 태도를 말한다. 이러한 관점은 우리가 꿈을 어떻게 이해해야 하는지에 대해서도 중요한 통찰을 제공한다.

꿈은 더 이상 나를 빛나게 하는 무대나, 경쟁에서 남보다 앞서기 위한 도구가 아니다. 그보다 내가 타자와 어떻게 함께 살아갈 것인가, 타자를 어떻게 돌보고 책임질 것인가를 스스로 묻는 윤리적 여정이 될 수 있다. 타자를 지우고 나만 성공하는 꿈은 결국 얕고 쉽게 무너질 수 있지만, 타자와 함께 살아가는 의미를 품은 꿈은 더 깊고 단단해진다.

그래서 레비나스의 질문은 지금도 여전히 유효하다. "나의 꿈은 타자 앞에서 어떤 책임을 만들어 내는가?" 이 질문이 던져질 때, 꿈은 단순한 진로 선택이 아니라 삶을 어떻게 살아갈 것인가에 대한 윤리적 결단으로 변하게 된다.

"나의 꿈은 누구를 위한 것일까?", "나는 누구에게 응답하며 살아가고 있는가?" 꿈은 나의 미래이면서 동시에 함께 살아갈 미래를 여는 길이다. 그 길 위에서 우리는 조금씩 더 책임 있는 주체로 성장해 간다. 하지만 타자를 향한 책임만으로 우리가 완성되는 것은 아니다. 책임 속에서 흔들리고 성장하는 과정과 함께, '나 자신이 누구인지' 발견하는 즐거움 역시 인간에게 매우 중요한 경험이다. 바로 이 지점에서 레비나스는 또 다른 중요한 개념을 소개한다.

향유의 존재로서 자기발견의 기쁨

레비나스는 사람이 세상과 관계를 맺으며 느끼는 특별한 기쁨을 '향유(jouissance)'라고 부른다. '향유'라는 말은 일상에서는 잘 쓰지 않지만, 사실 누구나 경험해 본 아주 익숙한 감정이다. 이 단어는 프랑스어 jouir에서 왔는데, 원래 뜻은 '마음껏 누리다, 깊이 즐기다'이다. 하지만 단순히 재미있거나 기분이 좋은 순간을 말하는 것은 아니다. 향유는 몸과 마음이 동시에 깨어나며 '아, 지금 나는 진짜 살아 있구나'라고 느끼는 강한 만족을 가리킨다.

이런 경험은 우리의 일상 속에서도 자주 나타난다. 좋아하는 노래의 한 소절이 마음을 울리는 순간, 좋은 영화를 보면서 편안함이 스며드는 순간, 친구들과 아무 말이나 하며 웃다 보면 '이 시간이 너무 좋다'고 느끼는 순간, 운동이나 게임에 완전히 몰입해 시간이 순식간에 지나가 버릴 때, 혹은 산책 중 불어오는 바람과 햇빛이 갑자기 선명하게 느껴지는 순간 등이 그렇다. 이런 때 우리는 단순한 즐거움을 넘어 '이게 바로 나이며 행복이다', '지금 나는 나답게 살아 있다'라는 감각을 맛보게 된다.

레비나스가 말하는 향유는 이렇게 나 자신이 어떤 존재인지 몸으로 느끼게 해주는 깊은 경험이다. 맛있는 음식을 먹으며 마음이 따뜻해지는 느낌, 음악에 몸이 저절로 반응하는 순간, 친구들과 떠들다 나도 모르게 활짝 웃는 시간, 예술이나 스포츠에 몰입해 '나'를 잊을 만큼 집중하는 순간 등에서 우리는 자연스럽게 '나다움(자기성, ipséité)'을 발견한다.

레비나스는 바로 이러한 향유의 경험을 통해 인간이 자신만의 고유한 정체성을 깨닫게 된다고 설명한다. 청소년기는 이런 향유의 경험이 특히 중요한 시기이다. 이 시기에는 음악, 게임, 운동, 그림, 글쓰기, 동아리 활동, 봉사, 여행 등 다양한 활동을 통해 자연스럽게 나만의 취향과 관심사를 찾아가게 된다. 겉으로 보기에는 성적이나 입시와는 상관없어 보이지만, 사실 이런 경험들은 모두 '나는 이렇게 세상을 느끼고 살아가고 싶다'는 조용한 자기 선언이 되기도 한다. 향유의 기쁨은 단순히 재미있는 시간을 보내는 것이 아니라, 앞으로 어떤 삶을 살고 싶은지 힌트를 주는 '나다운 삶의 방향표'가 된다. 그래서 자기 정체성을 찾아가는 청소년에게 향유는 자신감을 주고 삶의 에너지를 채워주는 중요한 자원이 된다.

그런가 하면 향유에는 한 가지 중요한 특징이 있다. 바로 기본적으로 '나 중심'이라는 점이다. 향유의 순간에는 내가 무엇을 좋아하고, 무엇을 싫어하고, 무엇에 힘이 나는지를 기준으로 세상을 바라보게 된다. 이것은 잘못된 것이 아니라, 성장 과정에서 누구나 거쳐야 하는 자연스러운 단계이다. 우리는 살면서 조금씩 가족이나 사회가 정해준 기준에서 벗어나 '나만의 생각'을 세우고, 독립적인 존재로 자리 잡으려는 시기를 지나게 된다. 그래서 때로는 자기 세계에 몰두하기도 하고, 다른 사람의 기대보다 내 마음의 목소리에 귀 기울여 보고자 한다. 이런 의미에서 자기중심적 향유는 '나다움'을 세워 가는 하나의 통과 의례라고 할 수 있다.

하지만 향유가 나만의 즐거움에만 머물러 있을 때 문제가 생긴다. 내가 느끼는 기쁨과 만족을 가장 중요한 기준으로 삼기 시작하면, 주변 사람들을 쉽게 '내 기쁨을 도와주는 사람인지, 방해하는 사람인지'로만 판단하게 된다. 친구, 연인, 가

레비나스 · 꿈의 깊이는 타자에 대한 응답이다 | 심상우

족, 심지어 사회적으로 약한 위치에 있는 사람들까지도 모두 이렇게 분류되기 쉽다. 이렇게 되면 다른 사람이 자신의 감정과 생각, 꿈과 상처를 가진 하나의 독립된 존재가 아니라, 단지 내가 원하는 것을 채워 주는 도구나 배경처럼 여겨질 수 있다. 레비나스는 이런 태도를 '전체성(totalité)의 사고방식'이라고 부른다. 전체성이란 내가 가진 기준과 욕망, 이해 방식으로 세상을 덮어 버리는 사고다. 즉, 다른 사람의 개성과 차이는 보이지 않게 되고, 모든 것이 나의 시선 속에서 하나로 평평하게 눌려버린다. 그 결과 타자는 더 이상 나와 다른 세계를 가진 존재로 존중받지 못하고, 결국 '나를 위해 존재하는 사람'처럼 취급된다.

청소년기에는 이런 전체성의 사고방식, 즉 세상을 '나 중심'으로 바라보는 방식과 자주 부딪히게 된다. 이 시기는 스스로 생각하고 선택할 자유가 점점 커지는 때이기 때문에, 새로운 해방감과 설렘을 맛보기도 한다. 그러나 동시에 "앞으로 나는 어떤 어른이 될까?", "사람들과 잘 지낼 수 있을까?"와 같은 미래에 대한 걱정이 커지면서 불안과 혼란도 뒤따른다. 이 과정에서 여러 변화가 한꺼번에 찾아온다. 부모나 교사가 말하던 기존의 규범과 권위에 의문이 생기고, 때로는 반항심이 생기기도 한다. 자신의 감정과 취향을 지키고 싶어서 자기만의 세계에 깊이 몰두하게 되기도 하고, 친구나 주변 사람들

꿈꿀 권리

과 사소한 일에도 갈등이 커지는 경우도 있다. 즉, 자유와 불안, 해방과 혼란, 독립하려는 마음과 외로움이 동시에 몰려오는 시기인 것이다.

이때 자기중심적인 향유는 일종의 방패처럼 작용한다. 음악, 게임, 취미, 혼자만의 시간 등은 복잡하고 힘든 현실 속에서 '나'를 지켜 주는 안전한 공간이 된다. 하지만 그 방패가 너무 단단해지면, 오히려 타인이 가진 고유한 세계, 감정, 아픔을 제대로 보지 못하게 만드는 벽이 되기도 한다. 나의 즐거움과 편안함을 최우선으로 생각하다 보면, 타인의 다름은 불편한 것으로 느껴지고, 상대의 어려움은 보이지 않게 되는 것이다. 이처럼 향유가 나를 보호하는 힘이 되면서 동시에 타자를 향한 감각을 약화시킬 수 있다는 점은 중요한 전환점을 만든다. 나를 지키기 위한 공간이 어느 순간 타자를 배제하는 울타리가 될 때, 우리는 타자를 '함께 살아가는 주체'가 아니라 '내가 조절하고 싶어 하는 대상'으로 보기 시작한다. 바로 이 순간, 관계는 깊이와 상호성에서 멀어지고, 타인은 나의 평온과 즐거움을 유지하기 위한 도구처럼 여겨질 위험이 커진다. 이러한 변화는 자연스럽게 한 가지 근본적인 질문을 불러일으킨다. 나는 타자를 어떻게 바라보고 있는가?

우리가 다른 사람과 관계를 맺는 방식을 이해하는 데에는 마르틴 부버(Martin Buber)의 설명이 큰 도움이 된다. 부버는 인간이 타자를 만나는 방식에는 크게 두 가지가 있다고 보았다. 하나는 타자를 고유한 존재, 즉 하나의 인격으로 대하는 '나-너(I-Thou)' 관계이고, 다른 하나는 타자를 도구나 대상처럼 바라보는 '나-그것(I-It)' 관계이다. 예를 들어, 친구가 힘들어 보일 때 "괜찮아?"라고 진심으로 묻는다면 우리는 그 친구를 '너'로 대하는 것이고, 친구를 단순히 나에게 필요한 기능이나 편함으로만 바라본다면 그 친구는 '그것'이 된다.

하지만 실제로 우리의 많은 만남은 익숙함 속에서 무심히 이루어진다. 우리는 상대의 이름을 부르고 말을 걸지만, 정작 그 사람의 깊은 마음이나 세계를 온전히 보지 못한 채 나의 기준에 맞추어 이해하려 할 때가 많다. 부버는 우리가 '너'라고 부른다고 해도 그 말 속에는 여전히 '내가 이해할 수 있는 범위 안에서만 너를 받아들이겠다'는 제한이 숨어 있다고 지적한다. 이처럼 '너'라는 관계 속에도 작은 틈이 남아 있으며, 그 틈은 타자를 완전히 내 세계 속에 끌어들이지는 못하는 공간이다.

레비나스는 바로 이 지점을 이어받아 더 깊이 파고든다. 그는 우리가 타자를 '너'라고 부르는 순간에도 사실 타자는 이미 나의 시선과 생각 안으로 포섭되어 있다고 비판한다. 타자를 '너'라고 부르는 행동조차도 결국 내가 만든 틀 안에서 이루어질 수 있다는 것이다. 그래서 레비나스는 더욱 급진적인 관점으로 타자를 설명한다. 그는 "타자는 때로 '너'가 아니라, 그저 '그'로서 존재할 수 있다"고 말한다. 이는 무심한 소외가 아니라, 오히려 타자를 내가 마음대로 이해하거나 규정하지 않고, 그 사람을 나와 독립된 고유한 존재로 두는 더 깊은 존중에 가깝다.

이때 타자는 마치 멀리 있는 산맥이나 바다처럼, 나의 손이 닿지 않는 자리에서 그 자체의 방식으로 존재한다. 내가 먼저 캐묻거나 강제로 친해지려 하기보다는, 그 사람이 스스로 말하기까지 기다리고, 그가 다가오지 않을 때에도 억지로 끌어당기지 않는 태도는 타자에 대한 더 성숙한 배려일 수 있다. 이것이 레비나스가 말하는 '타자를 있는 그대로 존중하는 방식'이다. 그 순간 관계는 억지 친밀함이 아니라 진정한 존중과 기다림의 관계가 된다.

그러나 현실 속 인간관계에서는 이런 겸손함을 잃어버리기 쉽다. SNS 속 관계, 친구와의 대화, 심지어 연인 관계에서도 상대를 나의 감정이나 욕구를 채워주는 존재처럼 바라보게 될 때가 많다. 그렇게 되면 타자는 자연스럽게 '너'에서 '그것'으로 변하게 된다. 관계는 서로를 위한 만남이 아니라, 나의 만족을 위한 공간이 되어버리고, 상대는 나의 기쁨과 편안함을 위한 도구로 취급된다.

레비나스가 말하는 성숙은 바로 이런 순간에 시작된다. 내가 쌓아 놓은 편안함의 벽에 작은 균열이 생기고, 타자의 얼굴–타인의 표정, 말, 침묵, 어려움–이 나의 자기중심적인 향유를 흔들 때 우리는 비로소 타자를 보게 된다. 그 순간 우리는 '나만 중요한 것이 아니다', '저 사람에게 내가 응답해야 할 무언가가 있다'는 감각을 느끼게 된다. 레비나스는 바로 이 깨달음에서 진정한 책임과 성숙이 시작된다고 말한다. 타자를 '나에게 맞춰진 존재'가 아니라, 나와는 다른 독립적인 세계를 가진 고유한 존재로 인식하기 시작할 때, 우리의 꿈과 관계, 선택은 더 깊은 의미를 얻게 된다.

자기 만족을 넘어 타자와의 응답적 관계로

사람과 사람의 관계는 공감의 감각을 통해 흐르지만, 이러한 감각은 사람을 넘어 일상의 사물 속에서도 조용하게 깃든다. 우리는 글을 쓰거나 컵을 집어들 때, 샤워 중 물이 피부를 감싸는 순간에 말로 표현하기 어려운 차분함과 위로를 경험하곤 한다. 이러한 감각은 단순히 사물을 사용하는 행위가 아니라, 그 안에 담긴 고요함과 생명감을 느끼는 경험이다. 일상의 사물은 말없이 우리 곁에 머물며 잊고 있던 집중력과 감성을 일깨워주는 동반자 역할을 한다. 이처럼 작은 사물과의 깊은 만남은 삶이 단순한 소유나 성취의 과정이 아니라, 머물러 듣고 느끼며 응답하는 과정이라는 사실을 깨닫게 한다.

독일의 영성가 요르크 칭크(Jörg Zink)는 이러한 감각을 '기도의 시작'이라고 설명했다. 그는 기도가 특별한 순간이나 신비로운 체험에서 시작되는 것이 아니라, 연필이나 동전 같은 작은 사물을 3분 동안 집중해서 바라보는 훈련에서 출발한다고 보았다.• 우리는 사소한 한 사물에도 온전히 마음을 두기 어려울 만큼 산만한 일상을 살아가고 있기 때문에 이 훈련은 생각보다 어렵다. 그러나 작은 사물에 집중하지 못한다면, 눈에 보이지 않는 신 혹은 삶의 본질 앞에서도 마음을 다하는 일은 쉽지 않다. 사물과의 관계를 회복하는 일은 결국 마음의 중심을 세우고 삶에 깊이 스며드는 감각을 회복하는 길로 이어진다.

레비나스는 인간을 단순히 세상을 향유하는 존재로 보지 않았다. 그는 인간이 타자의 부름에 응답하는 존재라고 말했다. 예를 들어, 평소 활발하던 사람이 갑자기 조용할 때 우리는 자연스럽게 그 사람의 얼굴을 바라보며 걱정의 마음이 든다. 이 순간 그의 표정은 말없이 응답을 요청한다. 또한, 따돌

• 요크르 칭크, 『기도를 어떻게 드릴까요?』, 정현진 역, 바이북스, 2016, 21-22쪽.

레비나스 · 꿈의 깊이는 타자에 대한 응답이다 | 심상우

림을 당하는 사람을 보았을 때 외면하지 않고 멈추어 서서 도울지 고민하는 경험 역시 타자의 얼굴이 보내는 윤리적 요청을 인식하는 순간이다. 이러한 응답의 순간은 인간이 자기중심적인 세계에서 벗어나 다른 사람을 향해 열린 존재로 변화하는 출발점이 된다.

정신분석학자 라캉은 향유(즐거움)의 깊이는 혼자만의 쾌락에 머물지 않으며, 규칙과 관계 속에서 더 풍성해진다고 보았다. 그는 사회가 함께 살아가기 위해 만드는 약속, 규칙, 문화 등을 '상징적 질서'라고 불렀다. 예컨대, 게임에서 규칙을 지키며 친구들과 오래 함께 즐길 때 느껴지는 기쁨은 순간적인 이익이나 승리로 얻는 만족보다 깊고 오래간다. 또한 누군가와 갈등이 생겼을 때 즉각적인 감정을 표출하는 대신 규칙과 배려를 통해 조율하는 관계는 더 오래 지속된다. 라캉이 말하는 상징적 질서는 억압을 위한 장치가 아니라, 타자와 조화롭게 어울리며 지속적인 만족을 얻기 위한 구조이다.

이처럼 라캉과 레비나스의 관점은 서로 다른 언어를 사용하지만 중요한 지점에서 만난다. 두 사람은 진정한 향유가 타자와의 관계 속에서 비로소 가능하다고 보았다. 레비나스에게 타자는 내가 즐거움을 얻기 위한 도구가 아니라, 그 자체로 존중받아야 하는 존재이며, 타자를 향한 응답은 인간을 윤리적 주체로 만든다. 라캉에게는 욕망을 조절하고 관계를 유지하는 규칙이 인간의 향유를 더 깊고 오래 지속되도록 만든다. 두 관점이 만나는 지점은 '윤리적 향유'라는 개념이다. 이는 혼자 누리는 자기중심적 즐거움이 아니라, 다른 사람과 함께 나누고, 서로를 배려하는 관계 속에서 얻는 깊고 지속적인 만족이다.

타자와의 관계에서 적절한 거리두기는 매우 중요하다. 아무리 좋은 의도라도 상대에게 지나치게 개입하면 오히려 상처를 줄 수 있기 때문이다. 힘들어하는 친구에게 계속 이유를 캐묻거나 자신의 방식대로 해결책을 강요하는 행동은 선의처럼 보이지만, 실제로는 그 친구를 더 지치게 만들 수 있다. 반면, 친구가 혼자만의 시간이 필요해 보일 때 그 공간을 존중하는 태도는 타자의 감정과 리듬을 이해하는 성숙한 방식이다. 이는 '너는 나와 다르지만, 그 다름을 그대로 받아들인다'는 관계의 존중을 의미한다.

이러한 건강한 거리감은 역설적으로 타자와 함께하는 경험을 더 깊게 만들어준다. 서로를 존중할 줄 아는 관계에서는 함께 프로젝트를 완성하거나 동아리 활동에 참여하거나 봉사 활동을 할 때, 억지나 부담이 아닌 진정한 협력과 기쁨이 생긴다. 이때 우리가 느끼는 만족은 단순히 혼자 달성한 성취감과는 다른 차원의 기쁨이다. 즐거움이 나에게만 머무르지 않고 타자에게 흘러가며 공동체로 확장되는 경험이기 때문이다. 레비나스는 바로 이러한 관계 속에서 인간이 자기중심성을 넘어 미래를 향해 열릴 수 있다고 보았다.

결국 청소년기의 꿈, 행복, 성공 역시 다시 질문될 필요가 있다. 나의 꿈은 타자의 삶과 어떻게 연결되어 있는가? 나의 행복은 누군가의 고통을 외면한 채 가능한가? 그리고 나의 성공이 다른 사람의 실패 위에 세워졌다면, 그것은 어떤 의미를 갖는가? 이러한 질문은 단순한 도덕 교육이 아니라, 존재의 방식 자체를 다시 묻는 윤리적 요청이다. 우리는 타자의 얼굴 앞에서 멈추고, 듣고, 응답하며, 관계 속에서 새로운 자신을 만드는 과정 속에서 진정한 성장을 경험하게 된다.

이처럼 사물과의 깊은 만남, 타자와의 응답적 관계, 규칙 속에서 이루어지는 향유의 경험은 모두 하나의 지점을 가리킨다. 인간은 단순히 세상을 소비하는 존재가 아니라, 세계와 타자, 그리고 신 앞에 응답하는 존재이다. 이러한 응답의 삶은 자기중심적 감각을 넘어 더 넓고 깊은 세계로 나아가도록 이끌어 준다.

▋흔적과 책임으로서 인간을 이해하는 시선

레비나스는 '흔적(trace)'이라는 개념을 통해, 우리가 기억처럼 자유롭게 되돌아가 호출할 수 있는 과거가 아니라, 결코 완전히 회수할 수 없는 더 깊은 차원의 과거를 설명한다. 이 흔적은 단순한 기억의 잔여물이 아니라, 인간이 온전히 이해하거나 통제할 수 없는 타자성의 흔적으로 남아 현재의 삶에 영향을 미친다. 그것은 눈에 보이지 않지만 삶의 밑바닥에서 지속적으로 작용하는 정서적·존재론적 층위이며, 타자의 부재 속에서도 사라지지 않는 윤리적 요청이다.

레비나스의 관점에서 볼 때, 인간의 성장 과정은 흔히 미래를 향해 나아가는 능동적 형성의 시간으로 이해되지만, 동시에 과거의 경험들이 말없이 현재를 구성하는 시간으로도 읽혀야 한다. 가족 관계 속의 긴장, 반복된 실망과 좌절, 관계 속에서 생긴 오해와 상처, 말로 설명되지 않은 불안과 결핍 등은 쉽게 사라지지 않고 삶의 태도와 감정, 세계를 해석하는 방식에 깊이 스며든다. 이러한 흔적들은 겉으로 드러나지 않기에 종종 간과되지만, 개인의 선택과 행동을 형성하는 중요한 배경으로 작용한다.

한 사람을 이해할 때 현재 드러나는 말과 행동, 성격이나 태도에만 주목하는 시선은 충분하지 않다. 레비나스에 따르면 인간은 스스로를 의식하고 선택하기 이전에 이미 타자에게 노출되어 있으며, 그 노출 속에서 책임을 지도록 불려 나온 존재다. 이러한 선근원성(pré-originalité)의 차원에서 인간의 삶에는 기억처럼 명확히 회상되거나 언어로 설명될 수 없는 과거

레비나스 · 꿈의 깊이는 타자에 대한 응답이다 | 심상우

가 새겨져 있다. 이 과거는 개인이 선택하거나 조절한 경험의 총합이 아니라, 주체가 형성되기 이전부터 이미 삶의 방향을 규정한 돌아갈 수 없는 과거에 가깝다. 그래서 많은 이들이 자신도 명확히 설명하지 못하는 불안, 감정의 경향, 관계의 방식들을 안고 살아가게 된다. 이는 주체의 결핍이나 미성숙의 문제가 아니라, 이미 타자의 흔적에 의해 형성된 존재론적 조건이다. 따라서 인간을 이해한다는 것은 그가 현재 어떤 모습으로 드러나는지를 평가하는 데서 그치는 것이 아니라, 말해지지 않은 경험과 회귀 불가능한 과거의 흔적 앞에서 멈추어 서는 윤리적 태도를 요구한다. 이러한 멈춤 속에서 비로소 타자는 객체가 아니라, 책임을 요청하는 존재로 드러난다.

레비나스에게 인간은 스스로를 인식하고 말로 설명하기 이전에 이미 타자에게 노출되어 있으며, 이 노출은 주체의 기원보다 앞선 선근원적 차원에서 이루어진다. 바로 이 pré-originalité의 차원에서 인간의 삶에는 언어로 명확히 포착되지 않는 흔적들이 새겨진다. 설명되지 않는 불안, 말해지지 않은 상처, 스스로도 자각하기 어려운 책임감은 개인의 심리적 결핍이나 선택의 결과라기보다, 주체가 형성되기 이전부터 이미 작동해 온 타자의 흔적이다. 따라서 인간을 이해한다는 것은 그가 말한 것, 드러낸 행동, 현재의 태도를 해석하는 데 그치지 않고, 그 언어 너머에서 조용히 작동하는 선근원적 흔적을 존중하는 일이다. 인간은 언제나 자신이 선택하지 않은 조건들 속에서 살아가며, 그 조건들은 이미 되돌릴 수 없는 과거의 층위로서 현재의 삶을 규정한다. 이로 인해 인간은 때로 말로 표현할 수 없는 고통과 외로움을 견디며 살아가게 되는데, 이러한 현실 앞에서 요구되는 것은 설명이나 교정이 아니라 윤리적 멈춤이다. 레비나스가 말하는 '타자의 얼굴 앞에서 멈추어 서는 책임'이란, 바로 선근원적으로 주어진 이 흔적들 앞에서 판단과 조언을 유보하고 먼저 듣는 태도를 의미한다. 여기서 이해는 인식의 완성이 아니라, 타자의 요청에 응답하려는 윤리적 자세로 전환된다.

이러한 윤리적 전환을 가장 압축적으로 보여주는 말이 바로 레비나스가 말한 "여기 내가 있습니다(me voici)"이다. 이 표현은 흔히 우리가 생각하는 결심의 언어나 도덕적 다짐과는 다르다. 이 말은 내가 어떤 일을 하겠다고 스스로 나서는 선언이 아니라, 이미 누군가의 부름을 받은 뒤에야 비로소 나오게 되는 응답의 말이다. 다시 말해 이것은 "내가 책임지기로 선택했다"는 결론이 아니라, 책임을 피하거나 미루기 이전에 먼저 드러나는 태도에 가깝다. 이 말 속에는 자신을 주인으로 세우려는 의지보다, 이미 타자의 요구 앞에 서 있다는 사실을 인정하는 겸허함이 담겨 있다. 그러므로 "여기 내가 있습니다"라는 말에는 설명이나 변명, 자기 정당화가 들어 있지 않다.

레비나스·꿈의 깊이는 타자에 대한 응답이다 | 심상우

말로 다 설명할 수 없는 상처나 이유를 붙이기 어려운 불안, 스스로도 분명히 인식하지 못하는 책임감 앞에서, 우리는 그저 "여기 있다"고 응답할 뿐이다. 이 표현은 무엇을 이해했다는 선언이 아니라, 먼저 멈추어 서서 듣겠다는 태도를 드러낸다. 이런 점에서 "내가 여기 있습니다"는 지식을 전달하는 언어가 아니라 윤리를 실천하는 언어이며, 누군가를 평가하거나 조언하기에 앞서 그 사람의 고통과 요청 앞에 자신을 내어놓는 자세를 의미한다. 이는 타인을 대상이나 문제로 다루는 것이 아니라, 고유한 목소리를 가진 주체로 존중하는 윤리적 시선이다.

이러한 관점은 교육과 돌봄의 현장에서도 중요한 의미를 갖는다. 사람을 대함에 있어 그 사람의 성과나 태도, 효율성과 같은 눈에 보이는 기준으로만 판단하는 시선은, 그 사람이 품고 있는 삶의 흔적을 보지 못하게 만들 위험이 있다. 레비나스는 타자의 얼굴 앞에 설 때 인간은 언제나 윤리적 선택의 자리에 서 있다고 말한다. 가르치고 이끄는 관계 역시 정보를 전달하거나 기준을 적용하는 데서 끝나지 않고, 말로 표현되지 않은 경험과 상처에 응답하는 관계여야 한다. 여기서 중요한 것은 누군가를 빠르게 변화시키는 능력이 아니라, 그 사람이 자기만의 가능성을 발견하고 펼칠 수 있도록 곁에서 지켜보고 도움을 주는 책임이다.

이때 흔적은 단순한 결핍이나 약점으로만 이해되지 않는다. 레비나스에게서 창조란 이미 정해진 목적을 향해 나아가는 과정이 아니라, 각기 다른 존재가 고유한 모습으로 새롭게 등장하는 사건을 뜻한다. 인간이 삶 속에서 품게 되는 흔적들 역시 새로운 주체로 성장해 가는 과정의 일부이며, 각자가 자기만의 삶의 방향과 의미를 만들어 가는 토대가 되기도 한다. 흔적은 삶을 가로막는 장애물이 아니라, 오히려 다른 가능성을 열어 주는 출발점이 될 수 있다.

또한 개인의 미래와 삶의 방향은 결코 개인 내부에서만 형성되지 않는다. 그것은 사회적 환경과 관계적 지지 속에서 구체화된다. 사람들은 획일적인 기준보다 다양성을 존중하는 구조를 원하고, 끝없는 경쟁보다 경험하고 탐색할 수 있는 기회를 필요로 하며, 평가보다 정서적 지지와 실패를 받아들일 수 있는 문화를 요구한다. 이는 인간이 단순히 보호의 대상이 아니라, 자신의 삶에 대해 말하고 요구할 수 있는 주체임을 보여준다.

타자를 책임질 요구에 응답하는 일은 개인의 선의에 맡겨진 선택의 문제가 아니라, 공동체 전체가 함께 감당해야 할 윤리적 책임이다. 레비나스의 관점에서 보면, 타자의 가능성과 미래 앞에서 우리는 언제나 책임의 자리에 서 있다. 이는 경쟁과 효율만을 중시하는 구조를 넘어, 서로의 다름과 고유성을

91

존중하는 방향으로 사회적 관계와 제도를 다시 생각해야 함을 뜻한다. 책임을 진다는 것은 대신 결정해 주는 것이 아니라, 각자가 스스로 길을 열 수 있도록 응답하고 지지하는 일이다.

이러한 맥락에서 "나는 생각한다, 고로 존재한다"보다는 "나는 응답한다, 그러므로 존재한다"는 표현으로 레비나스의 사유를 정의할 수 있다. 인간은 혼자서 독립적으로 존재하지 않을 뿐더러 혼자 성장하지 않는다. 공동체 안에서 서로의 흔적을 이해하고 존중하며 응답할 때, 우리는 함께 성숙해 간다. 누군가의 꿈과 가능성을 존중하는 일은 개인의 성공을 돕는 차원을 넘어, 사회 전체가 타자에게 책임지는 윤리적 공동체로 나아가는 과정이다. 진정한 성장은 타인의 고통과 필요에 민감하게 반응하고, 말해지지 않은 경험들을 존중하며, 함께 성장하는 데서 이루어진다. 레비나스의 사유는 우리에게 타인을 판단하거나 교정해야 할 대상으로 보지 말고, 책임지고 함께 살아가야 할 존재로 바라보라고 요청한다.

꿈을
향해 가는
사다리

불교

지혜경

"마음은 화가와 같아서, 세상을 그려 낸다."

　누구나 마음 깊은 곳에서는 즐겁고, 의미 있고, 행복하게 살고 싶어 한다. 어릴 적에는 "커서 뭐가 될까?" 하며 다양한 꿈을 꾸지만, 실제로 초·중·고 학생들에게 꿈이 무엇인지 물어보면 절반 가까운 아이들은 아무 대답도 하지 않는다. 서점에는 자기계발서가 넘쳐나고, 많은 사람들이 '성공'을 이야기하고, "꿈을 가져라"라고 말하지만, 막상 "너의 꿈이 뭐야?"라고 물으면 대답을 못 하거나, "부자가 되는 것이요."라고 말하곤 한다. 왜 이렇게 되었을까?

　언제부턴가 사람들의 꿈은 아주 단순해졌다. 부자가 되거나, 소위 사회적으로 성공했다고 인정받는 직업을 얻는 것을 꿈으로 삼는다. 학생들이 말하는 '인기 있는 꿈'의 상위권은 몇 년째 거의 비슷하다. 의사, 연예인, 운동선수, 콘텐츠 크리

에이터 같은 직업들이 순위 안에서 서로 순서만 바뀌며 등장
할 뿐이다. 오백만 명이 넘는 학생들이 있는데, 왜 이렇게 비
슷한 꿈만 꾸게 된 걸까?

이런 질문 속에서, 이 글은 '꿈'에 대해 불교적인 관점에서
생각해 보려 한다. 불교의 가르침은 아주 방대하지만, 그 가
운데 중국 불교 철학자인 천태 지의(天台 智顗, 538~597)가 세
상을 바라본 세 가지 관점을 빌려와 꿈을 바라보고자 한다. 지
의가 말한 세 가지 관점은 다음과 같다. 첫째, 모든 것은 변하
지 않는 실체가 없다는 공(空)의 관점, 둘째, 모든 것은 관계와
맥락 속에서 새롭게 만들어진다는 연기(緣起)의 관점, 셋째,
이 둘을 종합해서 내 안의 다양한 가능성을 바라보는 중도(中
道)의 관점이다.

이 글에서는 먼저 공의 논리로 꿈에 대한 고정관념을 점검
해 보고, 연기의 관점으로 '나의 꿈'이 어떻게 만들어지는지
살펴본 뒤, 중도의 관점을 통해 나 자신의 다양한 가능성을 확
인하고, 나의 꿈을 세워본다.

공(空) 꿈에 대한 편견 깨기

"당신의 꿈은 무엇입니까?"라는 질문을 받았을 때, 어떤

꿈꿀 권리

사람은 당당하게 자신의 꿈을 말한다. 하지만 많은 사람들이 자신의 꿈을 말하기를 주저한다. 꿈에 대해 깊이 생각해 본 적이 없는 사람도 있고, "내 꿈이 너무 시시해 보이지 않을까?", "남들이 뭐라고 생각할까?"를 걱정해서 숨기는 사람도 있다. 우리 사회에는 '이런 것이 좋은 꿈이다'라는 보이지 않는 기준이 있다. 꿈은 사회에서 인정받을 만한 무언가여야 한다는 편견이다. 불교의 공(空)의 관점은 이런 고정관념과 편견을 깨는 데 도움을 준다.

불교에서 "모든 것은 공이다"라고 할 때, 그것은 '아무것도 없다'는 뜻이 아니라, 변하지 않는 어떤 '단단한 실체'는 없다는 뜻이다. 예를 들어 '소나무'를 떠올려보자. 어릴 적의 작은 묘목과 수십 년이 지난 커다란 소나무는 많이 다르다. 그런데도 우리는 둘 다 '소나무'라고 부른다. 이것은 우리가 어떤 공통된 특징을 보고 '소나무'라는 이름을 붙였기 때문이다. 실체가 있다고 보는 철학자들은 그 공통된 특징이 바로 소나무의 실체라고 말하지만, 불교에서는 '소나무'라는 실체는 따로 존재하지 않는다고 본다.

눈앞에 뚜렷이 보이는 소나무조차도 '실체가 없다'고 말하는 것이 불교의 입장이라면, '꿈'에 대해서는 어떻게 생각할까? 꿈은 우리 머릿속에 떠오르는 생각과 관념이다. 그래서 '꿈은 이런 것이다' '꿈을 가지는 것이 무조건 좋다'라고 단정

불교·꿈을 향해 가는 사다리 | 지혜경

하기 어렵다. 불교의 관점에서 보면, '꿈'이라는 것에도 고정된 실체나 기준이 있는 것이 아니라는 뜻이다. 그렇다면 한국 사회에 퍼져 있는 '꿈'에 대한 규정과 편견을 살펴보자.

꿈은 꼭 직업이어야 할까

언제부터인가 "너의 꿈은 뭐야?"라고 물으면, 대부분 진로나 직업을 말하는 것이 당연한 분위기가 되었다. 좋은 직업 하나를 대답하는 것이 '괜찮은 꿈'인 것처럼 여겨지는 것이다. 물론 꿈에 직업이 포함될 수 있다. 하지만 꿈은 직업과 완전히 똑같은 것이 아니다. 사전에서 '꿈'을 찾아보면, "실현하고 싶은 희망이나 이상"이라고 되어 있다. 진로나 직업이라는 말보다 훨씬 더 넓고 큰 의미이다. 그런데 우리는 지금 이 넓은 의미를 잊은 채, 꿈을 '나중에 가질 직업' 정도로 좁혀서 쓰고 있다.

꿈은 꼭 직업일 필요가 없다. 지금은 아니지만 미래에 하고 싶은 것이라면 무엇이든 꿈이 될 수 있다. 현재 100미터를 20초에 달리는 사람이 언젠가 10초대에 달려 보고 싶다는 것은 충분히 꿈이 될 수 있다. 프랑스 파리의 에펠탑을 실제로 가서 보고 싶다는 것도 꿈이 될 수 있다. '내가 정말 해 보고 싶은 일', 그것은 모두 꿈이 될 수 있다.

코오롱 이동찬 전 회장의 어릴 적 꿈은, 꿈이 꼭 직업이 아니어도 된다는 것을 잘 보여 준다. 그는 일제강점기 시절 어린

꿈꿀 권리

나이에 일본에 가서 아버지를 도우며 돈을 벌던 소년이었다. 어느 날 1936년 손기정 선수의 마라톤 우승 소식을 듣고, 가슴에 달린 일장기를 보게 된다. 그 모습을 보고 그는 '언젠가 태극기를 달고 마라톤에서 우승을 하거나, 그런 선수를 돕고 싶다'는 꿈을 품었다. 가난했던 소년에게 이 꿈은 당시로서는 거의 이룰 수 없을 것처럼 보였다. 그런데 수십 년 뒤, 그는 한국에 마라톤팀을 창단했고, 그의 지원 속에서 1992년 바르셀로나 올림픽에서 황영조 선수가 태극기를 달고 마라톤 우승을 했다. 어린 시절 마음속에 품었던 그 꿈이, 긴 시간이 지난 뒤에 다른 방식으로 실현된 것이다.

꿈은 직업이 아니기 때문에, 여러 개를 가져도 된다. 내 마음을 설레게 하고, 나를 움직이게 하는 것이라면, 작은 바람일지라도 꿈이 될 수 있다. 좋아하는 가수의 콘서트를 꼭 가보고 싶은 꿈, 가족들과 해외여행을 가고 싶은 꿈, 언젠가 내가 그린 그림을 전시해 보고 싶은 꿈, 나만의 브랜드로 옷을 만들어 판매해 보고 싶은 꿈. 이 모든 것이 한 사람 안의 여러 꿈이 될 수 있다. 꿈을 직업 하나로 한정해 버리면, 꿈이 가진 가능성이 크게 줄어든다. 현실 가능성만 따지다 보면, '이건 도저히 안 될 것 같아'라는 생각 때문에 아예 시작도 못 하고 포기하게 되기도 한다. 배우 마동석의 이야기를 떠올려보자. 그는 잘 알려진 것처럼 과거에 헬스 트레이너였다. 하지만 그

때부터 이미 영화배우가 되고, 직접 영화를 만들고, 나아가 할리우드에 진출하겠다는 꿈을 꾸었다고 한다. 주변 사람들의 눈에는 그 꿈이 얼마나 비현실적으로 보였을까? 만약 그가 '너무 허황되다'라는 주변의 말을 듣고 꿈을 포기했다면, 지금의 마동석은 존재하지 않았을 것이다.

꿈을 직업으로만 생각하면, '돈을 많이 벌 수 있어야만 좋은 꿈'이라고 착각하기 쉽다. 많은 돈을 벌어 갖고 싶은 것을 소유하고, 안정적인 집을 사고, 남들 눈에도 '좋아 보이는 삶'을 사는 것이 좋은 꿈이라고 여기게 된다. 하지만 이런 꿈이 나를 정말 채우고 키워 줄까? 직장인들 사이에서는 농담처럼 '대출을 받아서 차를 사든, 집을 사든 해야 직장을 오래 다니게 된다'라는 말이 있다. 집을 갖는 것은 분명 좋은 일일 수 있다. 하지만 한편으로는 집을 사기 위해 받은 대출금을 갚느라, 나의 하루하루가 소모되는 삶이 될 수도 있다. 꿈을 위해 돈을 버는 것이 아니라, 때로는 꿈을 위해 오히려 돈을 써야 할 때도 있다. 그래서 어떤 사람들은 생계를 위해 꿈을 잠시 포기하고 일을 하다가, 나중에 생계가 어느 정도 안정된 뒤에 다시 그 꿈을 향해 나아가기도 한다.

꿈을 직업에만 묶어 두면, 꿈에 굵은 선으로 한계를 긋게 된다. 그리고 그 직업을 가지지 못하면 '나는 꿈을 이루지 못했다'고 쉽게 단정해 버리게 된다. 예를 들어, 자신의 꿈이 '교사'라고 하자. 그러면 초·중·고 교직에 들어가야만 꿈을 이룬 것이라고 생각하기 쉽다. 하지만 '교사의 본질'을 생각해 보면 평가가 달라진다. 교사의 본질은 '사람을 가르치는 일'을 하는 것이다.

직업 이름에만 매달리지 않고, '가르치는 일'을 꿈으로 본다면 그 범위는 훨씬 넓어진다. 학교가 아니어도 학원에서 과목을 가르칠 수 있고, 특수 시험을 준비하는 사람들을 도와줄 수도 있고, 커뮤니티 센터나 복지관에서 강연을 할 수도 있고, 도움이 필요한 곳에서 사람들을 가르치는 일을 할 수도 있다.

이처럼 꿈을 '직업'이라는 이름으로만 한정해 버리면, 꿈이 가진 본래의 넓은 가능성을 스스로 줄이는 셈이 된다.

꿈은 꼭 있어야 할까

"꿈이 있냐"는 질문에 딱히 떠오르는 것이 없을 때, 아니면 자신 있게 꿈을 말하지 못하고 우물쭈물하게 될 때, 우리는 왠지 내가 부족한 사람인 것처럼 느끼기도 한다. 꿈이 있는 사람들은 멋있어 보이고, 그런 사람들 앞에 서면 자신이 초라해 보이기도 한다. 그렇다면 정말 꿈은 반드시 있어야만 하는 걸까? 반드시 그래야만 하는 것은 아니다. 지금 당장 꿈이 없다고 해서 잘못된 것도 아니다. 다만, 인간 마음의 특성을 생각해 보면, 어떤 형태로든 꿈이 있는 편이 삶을 더 열정적으로

불교·꿈을 향해 가는 사다리 | 지혜경

살도록 도와주는 경우가 많다.

불교에서는 인간의 마음을 원숭이에 비유한다. 가만히 있지 못하고 이리저리 움직이는 원숭이처럼, 마음도 늘 무언가를 향해 바쁘게 움직이기 때문이다. 마음은 언제나 '대상'을 필요로 한다. 과거의 기억을 떠올리기도 하고, 아직 오지 않은 미래를 상상하기도 한다. TV, 책, 게임, 유튜브 같은 것에 집중하고 있을 때는 그 대상들이 우리의 마음을 잠시 붙잡아 준다. 이처럼 마음은 늘 무언가를 생각하고, 붙잡고, 향하고 있다. 이 마음의 성질을 생각해 보면, 꿈이 있다는 것은 마음이 향할 방향이 생긴다는 뜻이다. 마음이 꿈을 향해 있을 때, 내가 원하는 것들을 경험하고 이루어 갈 가능성도 그만큼 높아진다.

하지만 그렇다고 해서, 지금 꿈이 없다고 해서 문제가 되는 것은 아니다. 지금은 그저 주어진 하루하루에 집중해서 살아가다 보면, 세상을 경험하고 공부하면서 조금씩 '마음이 가는 것들'이 생긴다. 그때 그 마음을 억압하지 않고, "이건 별거 아닐 거야"라고 무시하지 않고, 조심스럽게 받아들이면 작은 꿈들이 하나둘 생겨난다. 작은 꿈을 하나 이루다 보면, 또 다른 꿈이 생기기도 한다. 지금 당장은 실현할 수 없는 꿈이라도 마음 한편에 고이 담아 두면, 앞에서 본 이동찬 회장처럼 아주 먼 훗날에 다른 방식으로 결실을 맺을 수도 있다.

꿈꿀 권리

불교적 세계관 속에서 공부하다 보면 '부처가 되는 삶', '깨달음'이라는 아주 큰 꿈에 자연스럽게 관심을 가지게 된다. 왜 그럴까?

불교는 모든 생명체가 '왜 태어났는지 잘 모른 채' 살아간다고 본다. 전생과 현생에서 익힌 습관을 무의식적으로 반복하며, 다양한 아픔과 상실, 그리고 죽음의 고통을 겪고, 그 뒤에 또다시 다음 생에 태어난다고 설명한다. 이렇게 고통이 반복되는 삶을 끝없이 이어가는 것이 모든 생명체의 현실이고, 부처가 된다는 것은 이 고통의 반복을 끊어내는 일이다.

깨달음을 얻는다는 것은, 인간 삶의 본래 모습을 똑바로 바라보는 일이다. 그리고 알지도 못한 채 반복되는 잘못된 습관들(업, 業)에서 벗어날 기회를 얻는 것이다. 꿈은 반드시 가져야만 하는 것은 아니지만, 불교적 세계관으로 삶을 바라보게 되면, 삶의 본질을 직시하는 순간 자연스럽게 "고통의 사슬을 끊고 자유로운 존재가 되고 싶다"는 꿈, 부처의 길을 향한 꿈을 꾸게 된다.

어떤 세계관을 가지고, 인간의 삶과 죽음을 어떻게 이해하느냐에 따라 꿈을 가질 수도 있고, 당장은 꿈 없이 살 수도 있다. 그러나 나와 세상에 관심을 가지고 조금씩 알아가다 보면, 어느 순간 자연스럽게 '꿈'이라는 것이 생기게 된다. 그리고 그 꿈 덕분에 삶이 보다 의미 있고, 풍요롭고, 방향을 가지게 될 수 있다.

강한 의지가 있어야만 꿈을 이룰 수 있을까

무언가를 이루는 데 개인의 의지는 분명 중요하다. 포기하고 싶을 때에도 계속 방법을 찾고, 끝까지 포기하지 않고 도전하는 힘이 바로 의지다.

하지만 의지가 강하다고 해서, 항상 그것이 꿈의 성취에 도움이 되는 것은 아니다. 의지가 어떻게, 어디에 발휘되는지에 따라 꿈을 이루는 데 도움을 줄 수도 있고, 오히려 방해가 될 수도 있다.

의지가 지나치게 강한 사람은 결과에만 집착하면서, 자신에게 맞지 않는 무리한 목표를 세우기도 한다. 무리한 목표란, 지금의 내 상황과 능력을 제대로 보지 못한 채 세운 목표라고 할 수 있다. 예를 들어 "나는 꼭 백만장자가 될 거야"라는 꿈이 있다고 하자. 지금 내 상황에서는 거의 불가능해 보이는 꿈일 수도 있다. 물론 큰 꿈을 꾸는 자체는 나쁜 것이 아니다. 문제는 "나는 무슨 일이 있어도 반드시 백만장자가 될 거야"라며 결과에만 집착하는 태도다. 이렇게 되면 마음은 그 결과만을 갈망하게 되고, 현재의 조건과 상황을 무시한 채 조급해지기 쉽다. 그러다 보면 잘못된 선택을 하거나 무리수를 두게 될 위험도 커진다.

그래서 '미래의 나'를 상상하는 이미지 트레이닝을 제대로 이해하지 못하면, 아직 준비되지도 않은 사람이 '이미 된 것처럼' 행동하며 현실과 상상이 뒤섞여 버리기도 한다. 극단적인 경우에는 망상에 빠지거나, 현실을 회피하는 부작용이 생길 수 있다.

꿈은 크게 가져도 된다. 다만, 그 꿈에 집착하지 않는 태도가 필요하다. 그래야 현재의 나와, 지금 내가 할 수 있는 일에 집중하면서 차근차근 꿈을 향해 나아갈 수 있다. 결과에 대한 집착이 너무 강하면, 실패했을 때 쉽게 좌절감에 빠지고, 스스로를 심하게 비난하게 된다. 지나치게 강한 의지는 "모든 것은 내 의지로 컨트롤할 수 있다"는 착각을 만들기도 한다. 그러나 실제로 세상일은 내 계획대로만 흘러가지 않는다.

불교적 세계관에서는 모든 일이 나의 의지와 주변 조건이 함께 작용할 때 일어난다고 본다. 이것을 연기(緣起)라고 한다. 예를 들어, 사과나무가 자라 열매를 맺기 위해서는 씨앗만 있다고 되는 것이 아니다. 사과 씨를 심을 수 있는 흙, 그 계절에 맞는 물과 햇빛, 병충해를 막아주는 농부의 손길, 사과나무의 성장을 방해하지 않는 주변 환경이 모두 필요하다. 심지어 사과 씨를 심기도 전에 새가 씨를 먹어 버리면, 사과나무는 열매를 맺을 기회조차 얻지 못한다. 자연의 일만 이런 것이 아니다. 세상의 일도 비슷하다. 나의 의지가 아무리 강해

불교 · 꿈을 향해 가는 사다리 | 지혜경

도, 주변 상황과 때가 맞지 않으면 원하는 바를 이루지 못할 때가 있다. 이런 세계관을 바탕으로 불교에서는 집착을 고통의 원인으로 본다.

그렇다고 해서 "어차피 다 조건 탓이야"라고만 말할 수는 없다. 불교에서는 분명 게으름을 수행의 큰 방해 요소로 본다. 꿈을 실현하는 핵심적인 힘은 여전히 '나의 노력'에 있다. 다만, 인간은 기계가 아니기에, 소위 말하는 '갓생'처럼 모든 계획을 칼같이 지키며 살 수는 없다. 예상하지 못했던 일이 언제든 끼어들 수 있기 때문이다.

연기의 관점에서 조건을 이야기하는 것은 "세상에는 내가 어찌할 수 없는 부분도 있다"라는 사실을 인정하고, 마음에 일정한 여백과 여유를 두라는 뜻이다. 실패했을 때 '나는 안 돼'라며 자기비하에 빠지기보다는, 부족한 것을 채우고, 상황이 무르익을 때까지 준비하는 마음을 갖는 것이 필요하다.

결국 강한 의지와 상황의 한계를 인정하고 조율할 수 있는 유연함이 함께 있을 때, 꿈은 현실이 되기 쉬운 법이다. 의지 하나만으로는 꿈을 이루기 어렵다.

꿈꿀 권리

연기(緣起) 나의 꿈 점검하기

공의 관점이 꿈에 대한 고정관념과 편견을 깨 주는 역할을 한다면, 연기의 관점은 '그렇다면 나의 꿈은 어떻게 만들어질까?'를 살펴보는 데 도움을 준다.

공이 '모든 것은 변하고, 고정된 실체는 없다'는 모습을 보여 준다면, 연기는 '모든 것은 관계 속에서 생겨나고 사라진다'는 사실을 강조한다. '나'라는 존재도 마찬가지다. 변하지 않는 단단한 영혼이 따로 있는 것이 아니라, 나를 이루는 여러 요소와 주변 사람들, 사회, 문화와의 관계 속에서 순간순간 새롭게 형성된다는 것이다.

그렇기에 나의 꿈을 차분히 분석하고 점검해 보는 과정 속에서, 남이 원하는 꿈이 아닌 정말 나의 꿈을 찾아갈 수 있다.

나의 꿈일까, 남의 꿈일까

앞에서도 말했듯이, 많은 사람들이 꿈을 이야기할 때 '사회적으로 성공하는 것'이나 '부자가 되는 것'을 떠올린다. 그런 꿈만이 가치 있어 보이는 분위기 속에서 살아가다 보니, 자연스럽게 사람들의 기준도 그쪽으로 몰린다.

SNS에서는 인스타그램, 틱톡, 유튜브와 같은 플랫폼에서 주목받는 크리에이터, 연예인, 인플루언서의 삶이 멋져 보인다. '나도 저렇게 되고 싶다'는 마음이 드는 건 당연한 일이다. 하지만 이때 한 번쯤은 질문해 볼 필요가 있다.

"이 꿈은 정말 나의 꿈일까, 아니면 남들이 멋있다고 해 주는 꿈이어서 갖게 된 걸까?"

사람이라면 누구나 마음 깊은 곳에 인정 욕구가 있다. 인정 욕구란, 남들에게 여러 측면에서 긍정적인 평가를 받고 싶어 하는 마음이다. 이 욕구를 통해 우리는 '내가 쓸모 있다', '나는 가치 있는 존재다'라는 느낌을 얻기도 한다. 그래서 자연스럽게, 남들이 칭찬해 줄 만한 것을 하고 싶어 한다. 불교에서는 이런 인정 욕구의 뿌리를 '나에 대한 집착'에서 찾는다.

불교에 따르면, '나'라는 것은 변하지 않는 영혼이 아니라, 다섯 가지 요소(오온, 五蘊)가 모여 잠시 작용하고 있을 뿐이라고 한다. 이 다섯 가지 요소는 다음과 같다.

- 색(色): 몸과 같은 물질적인 부분
- 수(受): 어떤 것을 느끼는 감수 작용
- 상(想): 보고 듣고 느낀 것을 분별하고 인지하는 작용
- 행(行): 좋고 싫음을 따라 움직이고 선택하는 의지 작용
- 식(識): 이런 모든 과정을 종합하고 기억을 쌓는 의식

꿈꿀 권리

우리는 눈, 귀, 코, 혀, 몸과 같은 감각기관을 통해 세상을 느끼고, 그 경험이 마음속에서 해석되고 쌓이면서 '나'라는 흐름이 만들어진다. 빨간 사과를 볼 때, 눈은 색과 모양을, 코는 냄새를, 혀는 맛을, 손은 촉감을, 귀는 사과를 깨물 때 나는 소리를 느낀다. 이것이 '수(受)'다. 그 다음 '이건 사과야'라고 알아차리는 것은 '상(想)'의 작용이다. 사과를 좋아한다면 '먹고 싶다'라는 마음이 들고, 싫다면 피하고 싶을 것이다. 이것이 '행(行)'이다. 이런 경험들이 모두 모여 기억되는 곳이 '식(識)'이다.

이 다섯 요소는 매 순간 합쳐졌다가 흩어지며 흐르는 강물처럼 이어질 뿐이다. 그런데 우리는 그 흐름을 붙잡고 '영원히 같은 나'가 있다고 착각한다. 이 착각 위에 '나는 특별하다', '나는 남들보다 잘나야 한다' 같은 생각과, 나를 지나치게 소중히 여기는 집착이 쌓인다. 하지만 이 생각과 집착은 근본적으로 불안정하기 때문에, 늘 누군가에게 인정받고 싶어 한다. 그것이 인정 욕구다. 그래서 불교는 '나에 대한 잘못된 인식과 집착을 내려놓을수록, 인정 욕구에 덜 휘둘리게 된다"고 말한다.

이제 여기서 다시 꿈을 떠올려 보자. 지금 내가 갖고 있는 꿈은, 부모님이나 주변 사람들이 칭찬해 줄 것 같아서 선택한 꿈인가? 아니면 나 스스로 진심으로 원해서 꾸는 꿈인가? 이 질문은 연기의 관점에서 나의 꿈을 점검해 보는 첫 걸음이 된다.

꿈은 어떻게 생겨나는 걸까

연기의 관점에서 보면, '나'라는 존재도, '나의 꿈'도 세상과의 관계 속에서 만들어진다. 눈에 보이는 외부 대상과 만나고, 느끼고, 생각하고, 기억하는 과정이 쌓이며, 나의 취향과 성격, 가치관, 그리고 꿈까지도 함께 형성된다. 꿈도 마찬가지다. 어릴 적에 보았던 애니메이션, 드라마, 영화, 책, 음악 같은 것들, 가족과 친구의 말, 학교에서의 경험, SNS 속 이야기들… 이런 것들이 모두 섞이면서 각자의 꿈이 자라난다. 가장 흔한 형태의 꿈은, '내가 보기에 멋진 사람을 닮고 싶은 마음'에서 시작된다. 슈퍼 히어로물을 보며 초능력자가 되어 세상을 구하고 싶은 꿈을 꾸기도 하고, 드라마 속에서 억울한 사람을 돕는 변호사를 보고 변호사를 꿈꾸기도 한다. 멋진 플레이를 보여주는 운동선수를 보며 운동선수의 삶을 동경하기도 하고, 사람들을 웃게 해 주는 코미디언을 보며 코미디언을 꿈꾸기도 한다. 어떤 대상 자체에 매력을 느끼고, 그 대상과 얽힌 일을 꿈꾸기도 한다. 게임이 좋아서 게임 제작자가 되기를 꿈꾸고, 춤이 좋아서 댄서를 꿈꾸고, 기차가 좋아서 철도 공무원이 되고 싶어 한다. 동물이 좋아서 수의사를 꿈꾸는 경우도 많다. 유학 중에 한 나라의 음식에 빠져 요리사의 길을 선택하거나, 빵과 케이크의 매력에 빠져 제빵사나 파티시에가 되는 사람들도 있다.

또 어떤 사람은 '내가 잘하기 때문에'그와 관련된 꿈을 꾸기도 한다. 노래를 잘해서 가수가 되고 싶고, 그림을 잘 그려서 화가를 꿈꾸고, 남들 흉내 내기를 잘해서 배우나 코미디언을 꿈꾸기도 한다. 처음에는 좋아해서 시작했지만, 잘하게 되면서 꿈이 더 커지는 경우도 있고, 특별한 계기 없이 남들보다 쉽게 잘해서 자기 재능을 발견하는 경우도 있다.

때로는 결핍이 꿈으로 이어지기도 한다. 어린 시절 몸이 약해 학교에 제대로 다니지 못하고 독학을 했던 교보생명 창업자는, 교육에 대한 갈증과 열망 때문에 종로 한복판에 큰 서점을 세워 누구나 자유롭게 책을 읽을 수 있는 공간을 만들었다. 식민지 시기와 한국전쟁을 겪은 뒤, 한국의 많은 기업가들은 '가난을 벗어나야 한다'는 꿈을 꾸었고, 그 결과 한국은 경제 성장의 길을 걷게 되었다. 포항제철(현 포스코)의 이야기는 그 좋은 예다. 남한에 독자적인 제철소 건설은 불가능에 가깝다고 여겨지던 시절, 박태준은 수많은 어려움 속에서도 방법을 찾아 산업화의 기반이 되는 제철소를 만들었다. 그 덕분에 우리는 국내에서 철을 생산할 수 있게 되었고, 값싼 철을 공급받으며 경제 발전의 핵심 자원을 확보할 수 있었다.

흥미로운 점은, 같은 경험을 해도 사람마다 다른 꿈을 꾼다는 것이다. 예를 들어 〈스타워즈〉 같은 영화를 본 뒤 어떤 사람은 로봇 과학자를 꿈꾸고, 어떤 사람은 우주 비행사를, 또 어떤 사람은 영화감독이나 배우, 특수효과 전문가, 시나리오 작가를 꿈꾼다. 하나의 경험에서 어떤 부분에 마음이 끌리는지를 통해, 내가 무엇을 좋아하는 사람인지를 알 수 있다.

이처럼 꿈은 세상과의 관계 속에서, 내가 경험한 감정과 생각들이 모여 만들어지고, 또 새롭게 변해 간다. 어릴 적에는 변호사를 꿈꾸다가, 어느 순간 의사가 되고 싶어지고, 나중에는 사업가가 되기도 한다. 부모나 친구가 꿈에 대해 어떻게 반응하는지에 따라, 칭찬을 들으면 그 꿈을 이어가고, 부정적인 반응을 들으면 꿈을 포기하기도 한다. 반대로, 부정적인 평가에 오기가 생겨 '더 열심히 해서 꼭 이뤄 보겠다'는 마음이 들기도 한다.

나를 설레게 하는 꿈은 어떻게 찾을까

꿈은 결국, 세상과의 관계 속에서 나의 마음을 설레게 하는 것에서 시작된다. "와, 저 사람 정말 멋있다", "저 일을 하는 모습이 너무 좋다", "이건 정말 더 알고 싶고, 더 해 보고 싶다"라는 느낌이 드는 순간이 있다. 이때 그 마음이 곧 꿈의 씨앗이 된다.

그래서 꿈을 찾는 첫 번째 단계는, '내가 무엇을 좋아하는

지 알아보는 것"이다. 그런데 많은 사람들이 여기서부터 막힌다. "나는 좋아하는 게 특별히 없는 것 같아요"라고 말하기도 한다. 이럴 때 불교의 알아차림(Mindfulness)기법을 적용해 볼 수 있다.

알아차림이란, 나의 호흡, 몸의 움직임, 감정, 생각을 있는 그대로 바라보는 연습이다. 지금 내가 무엇을 하고 있는지, 어떤 기분인지, 어떤 생각을 반복하고 있는지를 차분히 살펴보는 것이다. 이렇게 살펴보면, 무의식적으로 반복해 온 행동들 가운데 나에게 좋은 결과를 가져오는 행동은 이어가고, 나쁜 결과를 만드는 행동은 줄여 가면서 삶을 조금씩 바꿀 수 있다.

우리는 보통 '내가 왜 이렇게 행동하는지'를 잘 모른 채 움직인다. 예를 들어, 어느 순간 화가 치밀어 오르면, '내가 지금 화가 난다'는 것조차 제대로 인식하지 못한 채 그냥 버럭 화부터 낼 때가 많다. 알아차림은 이런 자동반응을 하나씩 비춰 보게 도와준다. 그래서 매번 똑같은 실수를 반복하기보다, 다른 선택을 할 수 있게 만든다.

꿈을 찾는 일도 비슷하다. 뭔가에 홀린 듯 게임을 계속하는 자신을 바라볼 수 있다면, "내가 정말 이 게임 자체를 좋아하는 걸까?", "할 일이 없고 무료해서 하는 걸까?", "스트레스를 풀 유일한 통로라서 붙잡고 있는 걸까?" 같은 질문을 해 볼 수 있다.

만약 '나는 좋아하는 것이 없다'고 느껴진다면, 내가 하루 24시간을 어떻게 사용하는지부터 알아차려 보는 것이 좋은 시작이 된다. 잠자고, 밥 먹고, 학교 가는 시간처럼 기본적인 시간을 제외하고, 쉬는 시간에 내가 무엇을 하고 있는지 적어 보는 것이다.

- 게임을 자주 한다면, 게임에 꽤 많은 관심이 있는 것이다.
- 음악을 많이 듣는다면, 음악을 좋아하는 것이다.
- 드라마나 유튜브를 자주 본다면, 이야기와 사람들에 관심이 있는 것일 수 있다.

여기서 한 발 더 나아가, '왜 이것을 재미있어 하는지'를 관찰해 보는 것도 도움이 된다.

예를 들어, 게임을 좋아하는 이유가

- 친구들과 함께 하는 시간이 즐거워서
- 게임 속 새로운 세계가 매력적이어서
- 미션을 하나씩 깨 나가는 성취감이 좋아서
- 아니면 부모님 간섭에서 벗어나 나만의 세계에 빠질 수 있어서

이것들 중에서 어디에 해당하는지 살펴볼 수 있다. 또는

꿈꿀 권리

유튜브나 쇼츠를 즐겨 본다면 그 이유를 따져보자.

- 단순히 웃기고 재미있어서
- 새로운 정보를 얻는 맛이 좋아서
- 사람들의 일상과 이야기를 보는 것이 흥미로워서
- 아니면 특별한 이유 없이 습관적으로 보는 것

학교 수업 중에서도 유난히 재미있게 느껴지는 과목이나 활동이 있을 수 있다. 역사 수업이 좋을 수도 있고, 수학 문제를 풀 때 집중이 잘 될 수도 있고, 영어로 발표하는 시간이 짜릿하게 느껴질 수도 있다. 아니면 과목 자체보다는, 친구들과 토론할 수 있는 시간, 앞에 서서 발표하는 경험, 코딩을 통해 직접 프로그램을 만들어 보는 활동이 재미있을 수도 있다.

어떤 대상에 시간을 쓰고 있다는 것은, 그 일이 나에게 어느 정도 중요하거나, 적어도 관심의 대상이라는 뜻일 때가 많다. 일상의 작은 선택들을 관찰하다 보면, "나는 무엇을 즐기는 사람인지", "무엇을 싫어하는지", "어떤 상황이 두려운지", "어떤 것을 극복하고 싶은지", "어떤 일을 맡았을 때 의외로 잘 해내는지" 등을 서서히 알아갈 수 있다. 그 과정 속에서, 나를 설레게 하는 꿈의 실마리를 찾아갈 수 있다.

중도(中道) **나의 꿈을 향하여**

중도(中道)란, '있다'와 '없다'라는 두 극단적인 생각을 모두 벗어난 길을 뜻한다. 공과 연기와 함께, 존재의 본래 모습을 표현하는 불교의 중요한 개념이다.

공의 관점에서 '고정된 실체로서의 나'는 없고, 연기의 관점에서 '나'는 관계 속에서 계속 변화한다고 했다면, 중도는 '그래서 나는 사라지는 것도 아니고, 한 가지 모습으로만 고정된 것도 아니다'라는 균형 감각을 준다.

중도의 관점에서 나를 바라보면, 나는 지금 보이는 모습만이 전부가 아니다. 내 안에는 아직 드러나지 않은 다양한 가능성이 숨어 있다. 이 관점은 나의 잠재력을 믿게 하고, 내 꿈의 가능성이 생각보다 훨씬 넓다는 사실을 깨닫게 해 준다.

나는 자유롭게 꿈꿀 수 있다

내가 무엇을 좋아하고 싫어하는지, 무엇을 두려워하고 무엇에 설레는지 알아가다 보면, 자연스럽게 '나는 이런 사람이다'라는 생각이 생긴다. 이것은 나 자신을 이해하는 데 도움을 주지만, 동시에 나를 그 틀 안에 가두어 버릴 위험도 있다.

예를 들어, MBTI 검사 결과를 보고 "나는 T(사고형)라서 감정 공감이 약해", "저 사람은 F(감정형)라서 공감이 많고 감정적이야"라고 단정하는 식이다. 이런 판단에는 '성격은 타고난 대로 거의 변하지 않는다'는 전제가 깔려 있다. 불교는 바로 이 지점을 비판한다.

불교의 무아(無我)는 '나는 없어'라는 말이 아니라, '나는 지금 이 모습으로 딱 굳어 있는 존재가 아니다'라는 뜻에 가깝다. 타고난 기질과, 주변 사람들의 성향, 내가 겪어 온 경험과 환경에 따라 지금의 내가 만들어졌지만, 이 모습은 계속 변하고 있고, 앞으로도 변할 수 있다는 것이다. 이 관점을 받아들이면, 나의 한계는 딱 잘라 정해지지 않는다. '나는 원래 이런 사람이야'라는 말보다, '지금의 나는 이런 면이 강하게 드러나 있을 뿐이고, 노력에 따라 다른 모습도 충분히 드러날 수 있다'라고 생각하게 된다.

천태 지의는 '보통 사람의 마음속에도 부처의 마음이 있고, 부처의 마음속에도 보통 사람의 마음이 있다'고 말했다. 내 안에는 다양한 모습이 잠재되어 있고, 어떤 모습을 꺼내어 살아갈지는 나의 선택에 달려 있다는 뜻이다. 이렇게 생각하면, "나는 T형이라서 공감이 약해"라고 단정하는 대신, "지금까지는 내 기본 성향이 T 쪽에 가깝게 나타난 것뿐이고, 연습하면 충분히 공감 능력을 키울 수 있다"라고 바라보게 된다.

나뿐만 아니라 세상의 모든 것 역시 변한다. 지금의 집안 형편이 어렵다고 해서, 그 상황이 영원히 그대로 지속되지는 않는다. 구성원들의 노력과 시간의 흐름, 사회의 변화가 맞물리면서 조금씩 달라질 수 있다. 그렇기 때문에, 지금 눈앞의 현실만 보고 일부러 꿈을 작게 만들 필요는 없다. 지금 내 삶이 많이 여유롭지 않더라도, 나는 자유롭게 꿈꿀 권리가 있다.

앞에서 잠깐 언급했던 배우 마동석의 예를 다시 떠올려 보자. 그가 할리우드 진출을 꿈꾸던 시절, 할리우드에 진출한 한국계 배우는 많지 않았다. 그 상황에서 그의 꿈은 많은 사람들 눈에 허황된 꿈으로 보였을 것이다. 그러나 2019년, 그는 마블 시리즈 영화인 〈이터널스〉에서 단역이 아닌 주요 조연인 '길가메시' 역할을 맡아 출연했다. 당시만 해도 상상하기 힘들었던 일이 현실이 된 것이다. 지금 눈앞에 보이는 조건만 보면서 "내가 그걸 어떻게 해?"라고 스스로를 가로막을 필요는 없다. 내 안에는 아직 드러나지 않은 잠재력이 있고, 시간의 흐름 속에서 세상도 계속 바뀐다.

또 한 가지 중요한 점은, 내가 변하면, 나를 둘러싼 세상의 반응도 바뀐다는 것이다. 내가 시간을 쓰는 방식, 사람들 말에 반응하는 태도, 말투를 바꾸면, 주변 사람들의 반응과 관계도 조금씩 달라진다. 게임하던 시간을 수학 공부에 써 보면 수학 점수가 달라지고, 주변 사람의 잔소리에 투덜거리거나 말대꾸만 하던 태도에서 조금 다른 말로 반응해 보면, 상대의 반응도, 둘 사이의 관계도 바뀔 수 있다. 물론, 내가 특별히 신경 쓰지 않아도 세상은 늘 변하고 있다. 다만 내가 어떻게 살고 있는지 모른 채 습관대로 살다 보면, '내가 늙어가고 있다'는 것 말고는 변화를 잘 눈치 채지 못할 수도 있다. 그러나 알아차림을 통해 나의 행동과 선택을 의식적으로 바라보기 시작하면, 내가 만들어 가는 변화의 방향을 선택할 수 있게 된다. 꿈이 중요한 이유는 바로 여기에 있다. 꿈은 내가 어느 방향으로 변화해 갈 것인가를 보여 주는 나침반이기 때문이다.

또한, 세상이 변하듯 꿈도 언제든 변할 수 있다. 예전에는 아주 중요한 꿈이었지만, 지금은 아닌 것일 수도 있다. 실제로 그 꿈과 관련된 공부나 일을 해 보니, 내가 상상했던 모습과 많이 다를 수도 있다. 의사를 꿈꾸다가, 막상 병원에서 환자들과 마주하는 일이 너무 힘겨워 다른 길을 고민하게 되는 경우도 있다. 꿈을 향해 가다가 더 큰 꿈으로 확장할 수도 있고, 지나치게 비현실적인 꿈에서 한 걸음 물러나 보다 현실적인 꿈으로 방향을 바꿀 수도 있다. 중요한 것은, 세상에 미리 정해진 미래가 있는 것이 아니라는 사실이다.

그래서 나는 지금 어떤 상황에 있든, 자유롭게 꿈꿀 권리가 있다. 남들과 다른 꿈을 꿔도 되고, 어제까지의 나와는 전혀 다른 꿈을 새로 꾸기 시작해도 된다.

마음은 힘이 세다

불교에서는 인간의 마음, 생각의 힘을 아주 중요하게 본다. 앞에서 살펴본 다섯 가지 요소 가운데, 물질적인 '색(色)'을 제외한 네 가지 요소는 모두 마음이 세상을 인식하는 과정에서 일어나는 작용들이다.

같은 세상을 보더라도, 사람에 따라 전혀 다르게 받아들인다. 안경을 끼지 않으면 잘 보이지 않는 사람과, 시력이 좋은 사람은 같은 풍경을 보더라도 느낌이 다르다. 개에게 물린 경험이 있는 사람은, 아주 작은 강아지도 무섭게 느끼고, 공격적인 개로 보일 수 있다. 이렇듯 각자가 겪어 온 경험에 따라 세상을 다르게 인식하고 해석한다. 그리고 그 해석에 따라 마음이 움직이고, 말과 행동도 달라진다. 어떤 마음을 내느냐에 따라, 세상은 따뜻하게 느껴지기도 하고, 차갑게 느껴지기도 한다.

『화엄경』에서는 마음의 힘을 이렇게 표현한다. "마음은 화가와 같아서, 세상을 그려 낸다." 물론, 이것이 '내가 상상하는 대로 세상이 마술처럼 변한다'는 뜻은 아니다. 하지만 내가 어떤 생각을 하고, 어떤 말을 하고, 어떤 행동을 하느냐에 따라, 내가 살게 되는 세상의 분위기와 관계가 달라지는 것은 분명하다.

정신분석가 빅터 프랭클의 책 『죽음의 수용소에서』는 절망적인 상황 속에서도 사람들이 어떤 태도로 세상을 바라보고 선택하느냐에 따라 삶이 얼마나 달라질 수 있는지를 보여 준다. '죽음의 수용소'는 2차 세계대전 당시 나치가 유대인을 집단 학살하기 위해 만든 강제 수용소다. 하루아침에 모든 것을 잃고, 언제 죽을지 모르는 공포 속에서 많은 사람들이 그곳에서 하루하루를 버텨야 했다.

그 참혹한 환경에서 어떤 이들은 오직 자신의 생존만을 위해 싸우고, 다른 이의 빵까지 빼앗으며 서로를 짓밟는 방식으로 살아갔다. 그곳은 말 그대로 아귀의 세계처럼 변했다. 하지만 또 어떤 이들은, 자신에게 주어진 마지막 빵 한 조각을 더 배고픈 사람에게 나눠 주며, 인간다움을 지키려고 했다. 같은 수용소 안에서, 완전히 다른 두 세계가 공존하고 있었던 셈이다.

꿈은 마음의 힘을 쓸 방향을 보여 준다. 아주 힘든 상황 속에서도, '언젠가 이것을 해 보고 싶다'는 꿈이 있으면, 그 꿈 덕분에 삶을 포기하지 않고 버티게 된다. 강제 수용소 안에서도 미래에 대한 목표와 희망을 완전히 잃어버린 사람들은 금방 무너지고 말았다. 반면, 언젠가 이 경험을 바탕으로 사람들에게 무엇인가를 전하고 싶다는 꿈을 품은 사람들은, 그 꿈을 붙잡고 끝까지 버텼다.

빅터 프랭클도 그런 사람 가운데 한 명이었다. 그는 자신이 겪는 고통스러운 경험을 '정신분석가로서 강제 수용소에서의 인간 심리를 연구하는 기회'라고 생각하기로 마음먹었다. 그리고 언젠가는 이 경험을 바탕으로 강의실에서 강의를 할 것이라는 꿈을 품었다. 수용소에서 견디기 힘든 순간마다, 그는 햇볕이 따스하게 들어오는 강의실에서 자신의 연구를 발표하는 장면을 상상했다고 한다. 이런 상상은 그를 현실 속 고통에서 완전히 빼내 주지는 못했지만, 적어도 상황에 완전히 휘둘리지 않고 한 발 물러서서 자신과 주변을 바라볼 힘을 주었다. 그 덕분에 그는 그곳에서 살아남을 수 있었다고 말했다.

전쟁이 끝난 1945년, 그는 강제 수용소에서의 경험과 관찰을 바탕으로, 절망 속에서도 삶의 의미를 찾아 가는 '로고테라피'라는 새로운 심리치료 이론을 만들었다. 그리고 실제로 많은 사람들 앞에서 그 이론을 강의했다. 그가 수용소 안에서 그렸던 꿈은 결국 현실이 되었다.

이처럼 마음은 매우 힘이 세다. 그래서 꿈을 구체적으로 적어 보고, 마음을 그 꿈에 자주 집중하고, 그에 맞는 행동을 이어가다 보면, 꿈이 현실이 되는 경우가 많다. 중학교 때부터 영화감독을 꿈꾸었던 봉준호 감독은 세계적인 감독이 되었다. 단지 '감독이 되고 싶다'는 생각만 했기 때문이 아니라, 어릴 때부터 영화와 감독에 대한 자료를 스크랩하고, 관련 공부와 경험을 계속 쌓아 갔기 때문이다. 세상을 바꾸는 사업가를 꿈꾸었던 손정의 역시, 꿈을 향해 꾸준히 도전했고 결국 소프트뱅크라는 세계적 기업을 세웠다. 그는 자신이 꿈꾼 대로 50대에 연 매출 1조 엔 규모의 회사를 만들었다.

마음의 힘이 세다는 것은, 생각만으로 현실을 조종한다는 뜻이 아니다. 생각이 방향을 정하면, 그 방향으로 선택하고, 행동하고, 실천하게 되기 때문에 마음의 힘이 중요하다는 뜻이다. 꿈을 이루기 위해서 가장 중요한 것은 결국 실천이다. 그런데 마음이 꿈 쪽을 향하지 않으면, 실천 역시 일어나기 어렵다.

타인의 삶과 연결된 꿈은 더 큰 힘을 가진다

많은 사람들은 꿈을 매우 개인적인 것으로만 생각한다. '내가 잘 먹고 잘 사는 것', '내가 하고 싶은 일을 하는 것'만을 꿈으로 떠올리기 쉽다. 물론 그것도 중요한 꿈이다. 하지만 꿈이 타인의 삶과 연결될 때, 꿈은 훨씬 더 큰 힘을 가진다. 나만을 위한 꿈은 힘들고 지칠 때, "그냥 포기할까?"라는 생각이 들면 그만두기 쉽다. 하지만 나의 꿈이 나 혼자만을 위한 것이 아니라, 다른 사람들에게도 도움이 되는 꿈이라면, 힘든 순간에도 버틸 수 있는 이유가 생긴다.

불교의 관점에서 '나'는 고립된 존재가 아니다. 우리는 모두 서로에게 영향을 주고받는 관계 속에 살고 있다. 그래서 꿈 역시, 나와 동시에 타인의 삶을 어떻게 변화시키는가와 연결될 때, 더 큰 의미와 힘을 갖게 된다. 타인과 연결된 꿈은, 비록 내가 그 꿈을 완전히 이루지 못하더라도, 같은 뜻을 가진 다른 사람들에 의해 언젠가는 이어질 수 있다. 한 사람의 마음보다, 여럿이 모인 마음의 힘이 더 크기 때문이다.

해방 후 한국 사회는 정치적으로는 좌우 대립 속에서 혼란스러웠고, 경제적으로는 식민지 수탈과 전쟁의 여파로 매우 가난했다. 그 시절, 현실은 절망과 불안이 더 크게 느껴졌을지도 모른다. 그런 시대에 김구 선생은 다음과 같은 꿈을 품고 있었다.

나는 우리나라가 세계에서 가장 아름다운 나라가 되기를 원한다.
가장 부강한 나라가 되기를 원하는 것은 아니다.
내가 남의 침략에 가슴이 아팠으니,
내 나라가 남을 침략하는 것을 원치 아니한다.
우리의 부력(富力)은 우리의 생활을 충족히 할 만하고,
우리의 강력(强力)은 남의 침략을 막을 만하면 족하다.
오직 한없이 가지고 싶은 것은 높은 문화의 힘이다.
문화의 힘은 우리 자신을 행복하게 하고
나아가서 남에게 행복을 주기 때문이다.

― 「나의 소원」, 김구 (『백범일지』)

지금 우리는 김구 선생이 그리던 나라에 살고 있다. '한강의 기적'이라 불리는 경제 발전으로, 모두가 굶주리던 시절은 벗어났다. 물론 여전히 빈부격차와 불평등의 문제는 존재하지만, 해방 직후처럼 대부분이 절대적인 가난에 시달리던 상황과는 분명 다르다. 과거에는 먹을 것이 없어 미군부대 잔반으로 끓여 먹던 '꿀꿀이죽', 보리조차 떨어지는 '보릿고개' 같은 말이 일상이었다. 이제 그런 표현들은 역사책에서나 볼 수 있는 단어가 되었다. 그 뒤에는 '배고픈 시대를 끝내고 싶다'는 수많은 사람의 꿈과 노력이 있었다.

오늘날 한국의 드라마, 노래, 영화, 뮤지컬, 애니메이션 같은 문화 콘텐츠는 전 세계 사람들에게 큰 즐거움과 감동을 주고 있다. 김구 선생이 '문화가 강한 나라'를 꿈꾸었을 때, 아마도 이렇게까지 빠르게 그 꿈이 현실이 될 것이라고 상상한 사람은 거의 없었을 것이다.

이 변화 뒤에는, 김구 선생의 꿈을 이어받아 '한국 문화의 세계화'를 꿈꾸고 정책으로 밀어붙였던 김대중 전 대통령의 역할도 있다. 그는 "문화정책의 집행에 있어, 정부는 창작의 환경을 조성하고 협력하는 역할에 머물러야 한다"며 군부 독재 시절의 검열과 통제를 없애고, 예술가들이 자유롭게 창작할 수 있는 환경을 만들었다. 그 이후 수많은 예술가와 창작자들이 각자의 꿈을 자유롭게 펼쳐 나갔고, 그 결과 오늘날 한국

불교·꿈을 향해 가는 사다리 | 지혜경

문화는 세계에서 영향력 있는 문화가 되었다. 김구 선생의 꿈은 그가 살아 있을 때 완전히 이루어지지 않았지만, 여러 세대에 걸친 많은 사람의 꿈과 노력이 이어지며 결국 현실과 가까워졌다.

혼자만을 위한 꿈이 아닌, 다른 사람들과 함께 나누는 꿈은 성취감도 크다. 꿈이 이루어졌을 때 그 기쁨을 나눌 사람들이 많기 때문이다. 그렇다고 해서 그 꿈이 반드시 나라 전체를 향한 '거대한 꿈'일 필요는 없다. 내 집의 마당을 정성껏 가꾸고 꽃을 심어, 주변 사람들과 함께 아름다운 풍경을 나누는 꿈도 충분히 소중하다.

나태주 시인의 시 「마당을 쓸었습니다」는 작은 행동이 세상을 어떻게 바꿀 수 있는지를 잘 보여 준다. 그 시에서 말하는 것처럼 내가 사는 마당을 쓸고, 꽃 한 송이를 심는 일도 결국 지구의 한 구석을 바꾸는 일이 된다. 나의 삶은 생각보다 훨씬 넓은 세계와 연결되어 있고, 나의 꿈과 행동은 다른 사람들에게도 영향을 준다. 그렇기에 타인의 삶과 연결된 꿈은, 오래 갈 수 있는 큰 힘을 가진다.

삶을 살아가는 데, 꿈 없이도 살아갈 수 있다. 하지만 그것이 과연 내가 진심으로 살고 싶은 삶인지 질문해 볼 필요는 있다. 불교에서는 인간으로 태어나는 것을 엄청나게 낮은 확률

꿈꿀 권리

로 설명한다. '눈먼 거북이가 1년에 한 번 바다 위로 올라와 숨을 쉬려고 할 때, 마침 바다 위에 떠 있는 나무토막의 작은 구멍으로 머리를 쏙 내미는 것과 같은 확률'이라고 한다. 그런 거의 불가능해 보이는 확률을 뚫고, 우리는 이번 생에 인간으로 태어났다. 그렇다면 이 소중한 시간을 어떻게 의미 있게 사용할 것인가를 고민해 보는 것이 필요하지 않을까?

꿈은 내가 살고 싶은 삶을 조금 더 분명하게 보여 준다. 하고 싶은 것들을 적어 보고, 하나씩 실천해 나가다 보면, 그 리스트가 어느새 나의 삶의 방향이 된다. 그리고 새로운 꿈이 또 생긴다.

내 안에는 지금 보이는 것보다 훨씬 더 많은 가능성이 있다. 단지 꿈을 꾸지 않아서, 그 잠재력이 꽃피지 못한다면 너무 아까운 일이 아닐까?

불교 · 꿈을 향해 가는 사다리 | 지혜경

아직 시작도 안 했어

에른스트 블로흐

정대성

숲속에 두 갈래 길이 있었습니다.

나는 사람이 적게 간 길을 택했습니다.

그리고 그것이 모든 차이를 만들었습니다.

－「가지 않은 길」, R. 프로스트

지금 여러분의 삶은 완벽한가? 학교 혹은 직장에서, 집에서, 인간관계에서 모든 것이 만족스러운가? 대개는 그렇지 않을 것이다. 어딘가 부족하고, 뭔가 아쉽고, '이건 좀 달라졌으면 좋겠다'는 생각이 들 때도 있을 것이다. 원하는 것을 얻으면 잠깐은 기쁘지만, 그 기쁨은 오래가지 않는다. 좋은 성적, 새 옷, 주변 사람의 인정 등 순간적으로 기쁘지만 금방 또 무언가가 부족함을 느낀다. 인간은 왜 이렇게 만족할 줄 모르는 걸까? 혹시 이것이 인간의 결함일까?

독일의 철학자 에른스트 블로흐(Ernst Bloch)는 이를 결함으로 보지 않았다. 그는 인간의 이 끝없는 결핍감이야말로 인간을 인간답게 만드는 것, 즉 인간의 조건이라고 보았다. 여기서 인간의 조건이란 현재만을 집중하는 여타 생명체와 달리 인간은 언제나 '더 나은 것', 즉 미래를 상상한다는 것을 의미한다. 그리고 그 상상의 힘을 블로흐는 '희망'이라고 불렀다. 절망의 시대를 살았던 '희망의 철학자' 에른스트 블로흐의 『희망의 원리(Das Prinzip Hoffnung)』를 살펴보면서, 희망이 무엇이고 왜 우리에게 희망이 필요한지를 함께 생각해 보자.

에른스트 블로흐는 1885년 독일의 한 유대인 가정에서 태어났다. 그의 시대는 절망의 시대라고 해도 과언이 아닐 정도로 삶의 모든 측면에서 혼돈의 시대였다. 그가 살던 시기는 인류 역사상 최악의 전쟁과 야만이 지배하던 시기였다. 그는 두 번의 세계대전을 겪었고, 히틀러와 나치의 시대를 온몸으로 통과했다. 유대인이었던 그는 나치를 피해 미국으로 망명해야 했고, 나중에는 동독과 서독을 오가며 또 다른 형태의 억압과 맞서야 했다.

이런 절망적인 현실 속에서 그는 희망을 품지 않는 것이야말로 죄라는 생각을 피력한다. 놀랍지 않은가? 전쟁과 억압, 망명과 고통이 이어지는 삶을 살았던 그가, 오히려 희망 없음, 즉 희망을 포기하는 태도가 죄라고 말한 것이다. 절망할 수밖에 없는 시대를 통과했던 사람이, 염세주의 대신 희망을 선택했고, 희망을 품지 않는 것이 잘못이라고 말한 셈이다.

블로흐는 단순히 "희망을 품어라"고 말하는 대신 희망이 인간의 조건이며, 희망이 어떤 힘을 가지는지를 철학적으로 깊이 탐구했다. 그리고 그 결론을 『희망의 원리』라는 방대한 책으로 남겼다. 그의 생각에 따르면, 희망은 사치가 아니라 필수이며, 기분이나 감정이 아니라, 현실을 변화시키는 힘이고, 인간이 인간답게 존재하게 하는 근본적인 능력이다.

많은 철학자는 인간을 불안의 존재, 욕망의 존재, 결핍의 존재 등으로 부른다. 왜냐하면 인간은 어떤 바램을 성취했다고 해도 그것에 대한 만족은 순간일 뿐 또다시 어떤 결핍을 느끼기 때문이다. 바로 이런 이유로 현실의 인간에게서 어떤 희망도 갖지 않고 현실을 떠나거나 혹은 내세를 지향하게 된다. 하지만 블로흐는 인간이 결핍의 존재라는 사실을 받아들이면서도, 바로 그것 때문에 인간은 동시에 가능성의 존재이며 희망을 자신의 조건으로 갖는 존재라고 규정한다. 그도 그럴 것이 결핍이란 충족과 대비되는 개념으로 그 자체가 충족을 향한 최초의 원동력이 되기 때문이다. 즉 결핍 자체는 새로운 삶으로의 동력, 즉 희망의 동력이라는 것이다. 상황이 그렇다면 이제 어떤 종류의 희망이 인간을 더 좋은 삶으로 이끌지를 물어야 한다. 말하자면 모든 희망이 같은 희망은 아니라는 말

에른스트 블로흐·아직 시작도 안 했어 | 정대성

이다. 진짜 희망과 가짜 희망이 중요해졌다. 블로흐는 현실과 동떨어진 막연한 환상을 "밤의 꿈"이라고 불렀다. 정신분석학자인 프로이트의 영향을 많이 받은 블로흐는 희망이라는 말을 꿈이라는 말로 바꿔쓰기도 한다.

꿈은 보통 잠을 잘 때 꾼다. 프로이트에 따르면 꿈은 과거의 억압된 욕망을 처리하는 장소이다. 말하자면 꿈은 해소되지 않은 인간의 욕망이 부분적이나마 해소되는 장소이다. 그래서 프로이트는 꿈을 분석함으로써 꿈의 당사자에게 어떤 억압이 있는지를 찾고자 한다. 블로흐는 억압된 욕망처리소로서의 꿈을 그렇게 긍정적으로 보지 않았다. 그것은 꿈꾼 자를 새로운 세계로의 진보보다는 과거에 얽어맨다. 블로흐는 그런 꿈을 "밤의 꿈"이라고 부른 것이다. 욕망의 왜곡이 우리의 삶을 왜곡시키기도 한다는 점에서 프로이트의 꿈의 분석이 완전히 부정적인 것만은 아니지만, 블로흐는 거기서 더 나아가 미래를 위한 능동적이고 의식적인 꿈이 훨씬 더 중요하다고 본 것이다. 그런 꿈을 그는 "낮의 꿈"이라고 불렀다. 현실에 발을 딛고 실현 가능한 미래를 향해 나아가는 희망을 "낮의 꿈"이라고 한 것이다.

우리가 원하든 원하지 않든, 인간은 결핍을 느끼고 더 나은 것을 바라는 존재이다. 하지만 그 희망을 어떻게 의식하고, 어떤 방향으로 설정하느냐는 우리가 배우고 선택해야 할 문제이다. 로또 당첨만 기다리는 희망과 조금씩 실력을 쌓아가며 꿈을 향해 나아가는 희망은 완전히 다른 것이다. 전자는 우리를 수동적으로 만들지만, 후자는 우리를 현실 속에서 끊임없이 움직이게 만드는 힘이 된다. 그래서 블로흐가 강조하는 것은 희망 그 자체보다, 희망의 방향과 내용이다. 어떤 희망이 우리를 살리고, 어떤 희망이 우리를 속이는지 구별하는 것. 추상적 환상이 아니라 구체적으로 실현 가능한 희망을 품는 것. 이것이 블로흐가 우리에게 말하고자 하는 바이다.

그렇다면 우리는 왜 희망을 적극적으로 지향해야 할까? 이 글에서는 블로흐와 함께 희망의 진짜 의미를 탐구해 볼 것이다. 어떻게 희망이 우리의 일상을 바꿀 수 있는지, 어떻게 희망이 세상을 바꿀 수 있는지 살펴볼 것이다. 그리고 무엇보다, 여러분이 가진 희망이 얼마나 소중하고 강력한 것인지 함께 생각해 보자. 이제 블로흐와 함께 희망의 세계로 떠나자.

'아직-아님'의 세계　당신은 아직 당신이 아닙니다

"나는 누구일까?" "내가 정말 원하는 게 뭘까?" "내 인생은 어떻게 될까?"

이런 질문들 때문에 잠이 오지 않았던 적이 있는가? 친구들은 다 자기 길을 찾은 것 같은데 나만 제자리인 것 같고, 주위 사람들은 빨리 결정하라고 재촉하기만 할 때, 우리는 자신이 한없이 부족하고 미완성인 것 같아 우울해진다.

그런데 블로흐는 정반대로 말한다. 여러분이 느끼는 그 '미완성'이야말로 가장 소중한 것이라고. 1,600쪽에 달하는 『희망의 원리』 전체가 이 역설을 펼쳐 보인다.

우리가 평소 말하는 희망은 대체로 이런 것들이다. "시험을 잘 봤으면 좋겠다", "좋은 대학에 들어갔으면 좋겠다", "멋진 연인이 있었으면 좋겠다" 지금은 없지만 나중에 가졌으면 하는 것, 지금의 부족함을 미래에 채우고 싶은 마음. 이것은 심리적 상태이다.

하지만 블로흐의 희망은 훨씬 더 근본적이다. 그에게 희망은 인간 존재의 조건이다. 그의 말을 직접 들어보자. "희망은 인간의 가장 순수하고도 가장 큰 정념이다. 그리고 그것은 지금까지 가장 밝게 의식되지 못한 정념이기도 하다. 이 정념은 즐거움의 순간들을 넘어선 것이며, 아직 두려움으로부터 완전히 자유롭지 못한 것이다. 그러나 희망은 기대하는 것이며, 체념하지 않는 것이다. 그 자신에 대한 기만과 그 자신의 성공에 대한 기만에 항복하지 않는 것이다. 희망은 아직 의식되지 않은 것의 가장 밝은 순간들에 매달려 있으며, 세계와 자아로서의 전체에 대한 의식의 가장 넓고 밝은 지평선에 속한다."

블로흐는 희망을 어렴풋이 떠오르는 예감, 직감, 꿈의 순간들과 연결하면서, 이것이 의식이 도달할 수 있는 가장 넓은 범위까지 확장된다고 본다. 그래서 희망은 세계를 새롭게 만드는 혁신적인 힘이다. 단순히 '갖고 싶은 것'에 대한 소망이 아니라, '만들어낼 수 있는 것'에 대한 창조적 힘이다. 그가 '희망만이 진실'이라고 말할 때, 그 안에는 지금 우리가 서 있는 현실이 완성이 아니라는 뜻이 들어 있다. 현재의 모습은 바뀌어야 하고, 바뀔 수 있다.

변화와 완성을 향한 인간의 열망을 표현하는 블로흐의 핵심 개념이 바로 '아직-아님'이다. 모든 현실적인 것은 아직 완전히 자기 자신이 아니다. 모든 것은 여전히 여행 중이다. 실제로는 아무것도 확정되어 있지 않으며, 세계는 아직 어떤 확고한 본질도 갖지 못했고, 따라서 변화할 수 있다. 현실은 과정이다. 그리고 이 과정 안에서 미래 쪽으로 향한 전선(前線), 즉 가능성이라는 전선, '아직-아님'의 전선이 존재한다. 가능성은 실재의, 존재의 핵심이다. 그리고 의식의 핵심에는 기대, 말하자면 세계에 대한 기대와 세계 안에서의 기대가 놓여 있다. 이것이 희망의 존재론적 위상이다.

이 '아직-아님'의 논리는 실존주의와 깊이 연결된다. '실존'의 영어 existence는 '밖에(ex)' '서 있음(sistere)'이라는 어원을 갖는다. 실존주의자들은 이를 '현재 서 있는 곳으로부터 밖으로 나감'으로 해석한다. 즉 현재의 상황에 만족하지 않고 끊임없이 밖으로 나가는 것, 자신을 앞으로 던지는 '기투(Projection)'를 의미한다. 블로흐의 '아직-아님'은 하이데거나 사르트르의 기투적 존재를 자기 방식으로 표현한 것이다.

이 개념을 개인에게 적용해 보자. 지금의 여러분은 완성된 모습인가, 아니면 여전히 만들어지는 중인가? 당연히 후자다. 여러분은 아직 모든 가능성을 실현하지 못했다. 아직 발견하지 못한 재능, 아직 경험해 보지 못한 감정, 아직 만나지 않은 사람들, 아직 가보지 못한 곳들이 앞에 놓여 있다. 블로흐의 표현을 빌리면, "우리는 아직 우리 자신이 아니다. 그러나 우리는 그것이 될 수 있다." 아직 완성되지 않았기 때문에 무엇이든 될 수 있는 가능성이 열려 있다.

블로흐는 '아직-아님'을 세계 전체를 설명하는 개념으로도 사용한다. 지금의 세상이 완벽한가? 전혀 그렇지 않다. 환경 문제, 불평등, 차별, 전쟁 등 수많은 모순을 안고 있다. 많은 사람은 "세상은 원래 그런 거야"라며 체념한다. 하지만 블로흐는 말한다. 세상에는 아직 실현되지 않은 수많은 것이 숨어 있다고. 더 공정한 사회, 더 깨끗한 환경, 더 평화로운 세계, 이런 것들은 모두 '아직-아님'의 영역에 속한다. 아직 현실이 되지 않았지만, 현실이 될 수 있다.

블로흐는 또 하나의 개념을 제시한다. 어떤 것이 아직 분명하게 의식되지 않았지만, 우리 내면에서 꿈틀거리는 상태. 여러분도 가끔 막연한 꿈을 꾸지 않는가? "뭔가 의미 있는 일을 하고 싶다" "저런 삶은 정말 멋져 보인다" "진짜 나다운 삶을 살고 싶다" 이런 막연하지만 강렬한 느낌들을 블로흐는 '아직 의식 안 됨'이라고 불렀다. 아직 구체적인 형태를 갖추지 않았지만, 미래를 향한 우리의 깊은 욕망이 그 안에 담겨 있다.

'아직-아님'은 미완성에 대한 긍정적 태도로 이어진다. 많은 사람은 자신의 미완성을 부끄럽게 느낀다. "나는 아직 아무것도 정하지 못했다", "아직 아무것도 이루지 못했다"라고 말하면서. 하지만 우리가 "그건 아직 안 끝났어요"라고 말할 때, 그 말에는 언젠가 끝낼 수 있다는 전제가 깔려 있다. 아직 정해지지 않았기 때문에 어떤 것이든 가능해질 수 있다.

블로흐를 따라 우리가 아직 미완성된 계획임을 확인할 때, 우리에게는 새로운 길과 그것을 갈 수 있게 하는 '용기'가 생긴다. 현실이 고정된 것이 아니라 바뀔 수 있고, 극복될 수 있고, 아직 새로운 것이 가능하다는 믿음이 생기기 때문이다. 주변 사람들과 환경은 우리에게 영향을 주고 자극을 줄 수 있지만, 누구도 여러분을 대신하여 살아줄 수 없다. 오직 우리 자신만이 우리의 방식으로 그 계획을 완성해 갈 수 있다.

그래서 "우리는 아직 시작도 하지 않았다"는 블로흐의 말

에른스트 블로흐 · 아직 시작도 안 했어 | 정대성

이 희망적으로 들린다. 지금까지 살아온 시간이 아깝게 느껴지거나 아직 아무것도 이루지 못한 것 같아도 괜찮다. 아직 시작도 안 했으니까. 진짜 시작은 지금부터다.

블로흐의 사상을 요약하면 이렇다. "진정한 창조는 끝에 있다. 인간과 세계는 아직 누구에게도 나타나지 않았던 것에, 즉 고향에 자신들의 근원을 갖는다. 그러나 우리는 모두 어린 이로서 그리고 꿈속에서 그것을 향해 있었다. 바로 여기서 유토피아의 기능이 시작된다."

'창조'로 번역된 독일어 '게네시스(Genesis)'는 성경의 '창세기'를 의미하기도 한다. 우리는 보통 창조가 '맨 처음'에 있다고 생각한다. 하지만 블로흐는 역설적으로 창조가 '맨 마지막'에 있다고 말한다. 우리의 꿈과 희망이 실현되는 바로 그때가 진정한 의미의 창조라는 얘기다. 그런 의미에서 어떤 신학자들은 성경의 맨 마지막 '요한계시록'을 창조의 완성으로 해석한다. 하나님의 창조 사역이 완성되는 순간, 모두가 유토피아에 거하게 되는 때 말이다. 유대인 철학자 블로흐는 이런 신학적 해석을 사회와 역사를 변혁하기 위한 이론으로 받아들인다.

마지막에 완성될 세계를 '고향'이라고 부르는 점도 인상적이다. 오늘날 '고향'이 예전만큼 크게 와닿지 않을 수 있지만, 부모 세대, 조부모 세대에게 고향은 늘 그리움의 대상이자 고

난을 이겨내게 하는 힘이다. 또한 블로흐는 인간을 '어린이'
에 비유한다. 어린이는 가능성의 상징이며, 무엇이든 열려 있
는 존재이다. 그는 인간이 어린이가 꿈을 꾸듯, 세계를 바꾸
는 꿈, 환경과 사회를 변혁하는 꿈을 가져야 한다고 은유적으
로 말한다. 꿈이 없는 사람은 아직 제대로 '인간답게' 살고 있
다고 보기 어려울지도 모른다.

그러니 나의 현재 상태, 아직 가야 할 길이 멀고 이룬 것이
없어 보이는 바로 지금의 미완성을 부끄러워하지 말라. 대신
그것을 가능성으로 보라. 여러분은 아직 여러분이 아니다. 하
지만 바로 그렇기 때문에 무엇이든 될 수 있다. 이것이 "아직-
아님"의 세계가 주는 가장 큰 선물이다.

일상 속에 숨어 있는 희망들

지금까지 블로흐의 희망 개념을 설명해 보았다. 앞에서 본
것처럼 블로흐는 일상적인 표현이 아니라 다소 역설적이고
낯선 방식으로 인간 존재를 설명한다. 그래서 철학이 어렵게
느껴지기도 한다. 이제 블로흐의 이 철학을 우리의 일상 속으
로 가져와 한번 보자.

철학은 우리의 일상과 멀리 떨어져 있는 것이 아니다. 블

로흐에 따르면, 철학은 일상생활 곳곳에 숨어 있다. 그에 따르면 희망은 우리가 의식하지 못하는 사이에도 일상 속에서 끊임없이 얼굴을 드러낸다.

『희망의 원리』1권의 제목 "작은 백일몽들(Kleine Tag-träume)"은 이 점을 잘 보여준다. 저 위에서는 '낮의 꿈'이라고 번역한 것이다. 블로흐는 우리가 일상에서 꾸는 사소한 상상들, 작은 욕망들, 순간적인 동경들에 주목했다.

생각해 보자. 하루에 몇 번씩 이런 상상을 하지 않는가?

- 좋아하는 아이돌이 나를 알아봐 주는 상상
- 내가 멋진 옷을 입고 당당하게 걸어가는 모습
- 사람들이 내 재능에 감탄하는 장면
- 부모님이 내 성과를 자랑스러워하는 순간
- 내가 누군가에게 정말 소중한 존재가 되는 모습
- 스타가 되어 빛나는 나의 모습

어떤 사람들은 이런 것들을 '쓸데없는 상상'이라고 말할지도 모른다. 하지만 블로흐는 다르게 보았다. 그는 이런 작은 백일몽들 속에서 인간의 가장 근본적인 열망을 발견했다. 그래서 그는 "인간을 아직 발견되지 않은 대륙"이라고 말한다. 이러한 작은 상상들은, 아직 누구도 다 알지 못한 '여러분이라는 대륙'을 탐험하는 과정이다. 그 상상 속에는 내가 진짜로 원하는 것, 내가 되고 싶은 모습, 만들고 싶은 세상이 숨어 있기 때문이다.

예를 들어, 좋아하는 아이돌을 보며 느끼는 동경을 생각해 보자. 겉으로 보기에는 "저 사람처럼 멋있고 싶다"라는 욕망처럼 보인다. 하지만 블로흐의 관점에서 보면 그 안에는 더 깊은 열망이 숨어 있다. "인정받고 싶다", "사랑받고 싶다", "특별한 존재가 되고 싶다"라는 그런 열망 말이다. 이런 욕구들은 인간이라면 누구나 갖는 자연스러운 마음이다. 그리고 이 마음들이, 때로는 우리를 더 나은 사람, 더 성숙한 사람으로 이끌기도 한다.

블로흐가 우리에게 알려주는 중요한 사실 하나는 희망은 멀리 있지 않다는 것이다. 일상 곳곳에, 내가 좋아하는 것들 속에, 작은 상상들 속에 이미 살아 숨 쉬고 있다. 그런 점에서 '현실은 곧 실험'이라고 말할 수도 있다. 매일매일 새로운 가능성을 실험해 보는 것이다. 새로운 옷을 입어 보는 것도, 새로운 음식을 먹어 보는 것도, 처음 가 보는 길을 걸어 보는 것도, 새로운 친구와 대화를 나눠 보는 것도, 모두 '더 나은 나'를 실험해 보는 과정이다. 그러니 자신의 일상을 과소평가하지 않기를 바란다. 작은 꿈들을 하찮게 여기지 않기를 바란다.

일상에서 사람들이 겪는 체험을 자세히 관찰해 보면, 서로

에른스트 블로흐·아직 시작도 안 했어 | 정대성

비슷한 내용들이 반복되곤 한다. 그 이유는 사람들이 비슷한 문화 속에서 함께 살아가기 때문이다. 그런 의미에서 문화는 우리의 행동과 상상을 가능하게 하는 하나의 '저장고'이다. 블로흐는 그래서 문화를 "희망의 저장고"라고 부른다. 인류가 오랫동안 꿈꾸어 온 희망들이 예술과 문화 속에 축적되어 있다는 뜻이다.

사람들이 좋아하는 K-pop, 웹툰, 게임, 영화도 마찬가지이다. 그 안에는 수많은 사람의 꿈과 희망이 담겨 있다. 창작자들의 상상력, 팬들의 열정, 더 나은 세상에 대한 공통된 바람들이 스며 있다. 그렇기 때문에 문화를 소비하는 것만으로도 우리는 어떤 희망을 체험할 수 있다. 교실과 학원만이 삶의 거의 전부가 되어 버린 삶은 얼마나 빈곤한가? 그런 삶만을 강요하는 사회는 또 얼마나 메마른 사회인가? 좋아하는 아티스트의 노래를 들을 때, 감동적인 책이나 웹툰을 읽을 때, 재밌는 게임을 할 때, 여러분은 다른 사람들의 희망과 상상에 들어가 함께 숨 쉬고 있다. 문화의 소비는 단순한 낭비가 아니라 새로운 가능성으로 나아가는 하나의 길이다. 그리고 언젠가는 여러분도 다른 사람들에게 희망을 줄 수 있을 것이다. 여러분이 만드는 작품으로, 여러분이 하는 말로, 그리고 여러분이 살아가는 모습으로 말이다.

꿈꿀 권리

구체적 유토피아와 추상적 유토피아

지금까지 우리의 일상이 꿈과 연결되어 있다는 것을 살펴보았다. 그러나 모든 꿈이 다 긍정적인 것은 아니다. 그래서여기서는 어떤 꿈이 '좋은 꿈'인지, 그리고 진짜 희망과 가짜희망을 어떻게 구별할 수 있을까?

"로또에 당첨되면 모든 문제가 해결될 거야", "연예인이랑 결혼하면 무조건 행복할 거야", "다른 나라에만 가면 인생이 완전히 달라질 거야" 이런 생각을 해 본 적이 있는가? 아마한 번쯤은 해 보았을 것이다. 그리고 그런 생각을 하는 자신이한심하게 느껴졌을 수도 있다. 하지만 이런 생각들이라고 해서 무조건 나쁜 것이라고만 하기는 어렵다. 중요한 것은 그 생각에 이런 질문을 덧붙이는 것이다. "이 희망은 진짜일까, 가짜일까?"

블로흐는 희망을 유토피아와 연결하여 설명한다. 그는 유토피아를 '구체적 유토피아'와 '추상적 유토피아'로 구분한다.이 구분은 곧 희망의 종류를 나누기 위한 것이다. 유토피아(utopia)라는 말의 어원은 U(아님, 없음)+Topia(땅, 세계)의 합성어로 '어디에도 없음(no-where)'을 의미한다. 즉 이 세상 어딘가에실제로 존재하지 않는 이상향을 뜻한다. 사람들은 현실이 너무 힘들고 고통스러울 때 유토피아를 상상한다. 어떤 이들은

에른스트 블로흐 · 아직 시작도 안 했어 | 정대성

이런 유토피아가 내세에서나 가능할 것이라고 말하고, 또 어떤 이들은 이 땅에 그런 유토피아를 건설하려고 시도한다.

블로흐는 유토피아라는 말을 원래의 의미, 즉 '어디에도 없음'이라는 의미로 사용한다. 어디에도 없는 그런 유토피아를 왜 그토록 강조하고 또 왜 인간에게 중요할까? 그가 말하는 유토피아는 완성된 결과로서 주어지는 것이 아니라 현재의 행위에 방향과 에너지를 주는 동력이다. 다소 어려워 보이는 이 말을 쉬운 말로 풀어 보자. 칠흑 같은 어둠을 항해하는 자들이 밤하늘의 별을 바라보는 이유는 그 별에 도달하기 위해서가 아니라 목적지의 방향을 잃지 않기 위해서이다. 마찬가지로 그가 말하는 유토피아는 현재 우리의 생각과 행위를 이끌어 가는 나침판이다. 유토피아를 바라보며 나아가는 가운데 도달한 모든 단계는 새로운 지평선들, 새로운 과제들, 극복되어야 할 새로운 모순들을 열어준다. 따라서 유토피아적 의식은 단지 최종 목표의 선취가 아니라 이미 도달한 모든 위치에 대한 지속적인 비판이자 그것을 초월해야 함을 지시한다. 유토피아는 역사의 진보에 동력을 부여하고, 역사의 후퇴를 경계하는 장치이다. 요약하자면 블로흐의 유토피아 개념은 어떤 '완성된 목표'를 지시한다기보다, 어떤 목표를 향해 나아가는 과정임을, 따라서 '이 정도면 완성됐다'라며 현실을 응고하는 태도나 과거로의 회귀적 태도를 비판한다.

블로흐가 유토피아를 강조하지만 모든 유토피아를 긍정하는 것은 아니다. 암시되었듯이 그는 현실과 동떨어진, 막연한 환상으로 채색된 '추상적 유토피아'를 경계한다. 블로흐가 말하는 '추상적 유토피아'는 현실의 조건과 과정을 무시한 채 완성된 이상 사회이다. 역사 속에서 수많은 사상가기 이런 유토피아를 제시해왔다. 토머스 모어가 그린 유토피아 섬처럼 완벽한 질서와 조화를 이룬 사회, 플라톤이 『국가』에서 제시한 철인왕이 다스리는 이상국가, 또는 어떤 종교가 약속하는 천국처럼 모든 갈등과 모순이 사라진 완전한 세계 등. 이런 유토피아들은 매력적으로 보이지만, 블로흐가 보기에 치명적인 결함이 있다. 그것은 '어떻게 그것을 실현할 것인가'에 대한 구체적 경로가 없다는 점이다.

추상적 유토피아는 마치 완성된 건축물의 그림만 보여줄 뿐, 그것을 짓기 위한 재료가 무엇인지, 어떤 순서로 공사를 진행해야 하는지, 현재 우리가 가진 도구로 무엇을 할 수 있는지 등은 말해주지 않는다. 그래서 그것은 아름답지만 공허한 환상으로 남는다. 더 위험한 것은, 이런 추상적 유토피아가 현실을 정당화하는 도구로 악용될 수 있다는 점이다. "완벽한 사회는 저 먼 미래에나 가능하니, 지금은 참고 견디라"는 식으로 말이다. 또는 반대로, 완벽한 최종 목표를 명분 삼아 현재의 모든 수단을 정당화하는 전체주의로 이어질 수도 있다.

에른스트 블로흐·아직 시작도 안 했어 | 정대성

반면 블로흐가 말하는 '구체적 유토피아'는 현실의 객관적 가능성에 뿌리를 둔 사회적 비전이다. 그것은 현재 사회의 모순과 경향성을 철저히 분석한 후, 그 속에서 싹트고 있는 새로운 가능성을 포착한다. 그는 마르크스가 제시한 계급 없는 사회를 그 한 예로 제시한다. 그는 마르크스가 막연한 환상에서가 아니라 자본주의 사회의 모순에 대한 구체적 분석으로부터 그것을 극복한 하나의 이상 사회를 제시했다고 본다. 사실 마르크스가 자본주의에 대해 분석한 것 중에는 오늘날도 여전히 유효한 것들이 많다. 자본주의가 생산력을 고도로 발전시키면서도 동시에 불평등을 심화시키는 모순을 갖는다는 것, 바로 이런 모순으로 인해 새로운 사회를 모색하게 된다는 것이 그것이다. 하지만 그가 제시한 처방에는 많은 문제가 있다. 그는 유토피아를 방향을 제시하는 나침판이 아니라 그것을 현실로 만들려고 했다. 블로흐 역시 마르크스의 그런 이상이 현실에서 온전히 구현될 것이라 생각하지 않았다. 유토피아는 오히려 끊임없이 연기되면서 우리의 삶을 인도한다.

역사 속 농민 전쟁이나 프랑스 혁명을 발발하게 한 것도 구체적 유토피아의 생생한 예이다. 봉건제의 모순이 한계에 달했을 때, 사람들은 자유와 평등이라는 새로운 사회를 꿈꾸었다. 이것은 단순한 환상이 아니라 현실 속에 이미 싹트고 있던 시민 계급의 성장, 새로운 생산 방식의 등장 같은 객관적

꿈꿀 권리

조건들이 뒷받침한 비전이었다. 구체적 유토피아는 이처럼 "현실 속에 아직 완전히 실현되지 않았지만 실현될 수 있는 맹아적 요소들"을 발견하고, 그것을 의식적으로 키워나가는 과정이다.

블로흐에게 구체적 유토피아와 추상적 유토피아는 각각 다른 희망을 낳는다. 추상적 유토피아는 "막연한 소망"을 생산한다. 이것은 현실의 조건을 무시한 채 완성된 이상만을 꿈꾸기 때문에, 사람들을 수동적으로 만든다. '언젠가 기적처럼 완벽한 사회가 올 것'이라는 막연한 기대는 지금 여기서 무엇을 해야 하는지 알려주지 못한다. 오히려 현실의 고통을 참고 견디게 만들거나, 반대로 극단적 수단을 정당화하는 위험으로 이어질 수 있다. 이것이 가짜 희망이다.

반면 구체적 유토피아는 "교육된 희망"을 가능하게 한다. 블로흐는 희망도 배워야 한다고 말한다. 현실 속에서 싹트고 있는 새로운 가능성을 정확히 파악하고, 그것을 실현하기 위해 지금 무엇을 해야 하는지 아는 희망은 능동적이고 실천적이다. 구체적 유토피아는 "아직-아님"의 것들이 현실 속에 맹아 형태로 이미 존재한다는 것을 보여준다. 따라서 그것을 향한 희망은 환상이 아니라 객관적 근거를 가진 기대이며, 우리를 행동으로 이끄는 힘이 된다. 이것이 진짜 희망이다.

블로흐는 이런 경험들을 "희망을 배우는 과정"이라고 본

에른스트 블로흐 · 아직 시작도 안 했어 | 정대성

다. 실패를 통해 우리는 진짜 희망과 가짜 희망을 구별하는 법을 배운다. 구체적인 예를 들어보자. 어떤 학생이 "명문대에만 가면 모든 게 해결될 거야"라고 생각한다면, 이것은 가짜 희망에 가깝다. 대학이라는 완성된 목표만 바라보며, 그것만 이루면 자동으로 행복하고 성공적인 삶이 펼쳐질 거라 믿는다. 하지만 막상 원하는 대학에 가더라도 공허함을 느끼거나, 가지 못했을 때는 모든 게 끝난 것처럼 절망한다. 반면 "내가 정말 배우고 싶은 게 뭘까? 그것을 배우려면 어떤 환경이 필요할까?"를 묻는다면, 이것은 진짜 희망에 가깝다. 대학은 하나의 과정이고 수단이며, 진짜 목표는 계속 배우고 성장하는 삶이다.

또 다른 예로, 좋아하는 사람에게 거절당한 청소년을 생각해 보자. "이 사람과만 사귀면 완벽할 텐데"라는 생각은 추상적 희망이다. 그 한 사람에게 모든 행복을 거는 순간, 거절은 세상의 끝이 된다. 하지만 그 경험을 통해 "나는 어떤 관계를 원하는가? 나는 어떤 사람으로 성장하고 싶은가?"를 배운다면, 거절은 자신을 더 깊이 이해하는 계기가 된다. 구체적 희망은 완벽한 결과가 아니라 성장하는 과정 자체에 있기 때문이다.

꿈꿀 권리

혼자가 아닌 함께, 오늘부터 시작하기

"내가 혼자서 뭘 할 수 있겠어?"
"나 하나 바뀐다고 세상이 달라질까?"
이런 생각이 든 적이 있는가? 특히 뉴스에서 기후위기, 불평등, 갈등 같은 큰 문제들을 볼 때 그렇다. 너무 크고 복잡한 문제들 앞에서 개인의 힘은 한없이 작아 보인다.

하지만 에른스트 블로흐는 이렇게 생각하지 않았다. 그는 개인의 희망이 어떻게 사회 전체의 변화로 이어질 수 있는지를 보여주었다. 그가 중요하게 본 사실 하나는, 희망은 '전염'된다는 점이다. 한 사람의 희망이 다른 사람에게 영향을 주고, 그 희망이 또 다른 사람에게 전해지면서, 결국 사회 전체를 움직이는 힘이 될 수 있다는 것이다. 혼자 품을 때는 꿈이지만, 함께 품으면 현실이 될 수 있는 것이 희망이다.

여러분도 잘 알고 있을 그레타 툰베리라는 스웨덴의 소녀 이야기를 떠올려 보라. 그는 기후 위기의 심각성을 알리기 위해, 처음에는 혼자서 학교 앞에서 시위를 시작했다. 이 작은 행동이 전 세계로 퍼져나갔다. 나중에는 유엔에 가서 어른들, 그것도 전 세계의 지도자들 앞에서 기후위기의 심각성을 고발하는 연설을 했고, 지금도 중요한 기후위기 '전도사'로 활동하고 있다.

그의 영향력은 기업이나 국가, 거대한 단체에만 미친 것이 아니다. 우리의 작은 일상에도 스며들어 있다. 텀블러 사용하기, 대중교통 이용하기, 일회용품 줄이기 같은 실천들은 툰베리의 작은 외침에 세계가 답하고 있는 모습의 한 단면이라고 할 수 있다.

웹툰, 유튜브, 틱톡 같은 플랫폼도 요즘 청소년들 사이에서 중요한 소통 수단이 되었다. 학교 폭력의 문제점을 다룬 웹툰, 진로 고민을 솔직하게 털어놓은 유튜브 영상, 사회 문제에 대한 자신의 생각을 담은 콘텐츠들은 여러분의 경험과 고민을 다른 사람들과 공유하게 해 준다. 이를 통해 누군가는 위로를 받고, 또 누군가는 위로를 건네기도 한다.

여러분이 자신을 발견해가는 과정, 여러분이 성장해가는 과정 자체가 사실은 인류 전체의 발전에 기여할 수 있다는 점을 잊지 않았으면 한다. "내가 꿈꾼다고 세상이 바뀌겠어?" "내가 제안한다고 우리 학급이 바뀌겠어?" 이런 생각은 성장에 가장 걸림돌이 된다는 것을 기억하자. 블로흐의 관점에서 보면, 이 모든 것들이 "구체적 유토피아"를 실현해가는 과정이다. 더 나은 세상에 대한 꿈이 현실 속에서 한 걸음씩 모습을 드러내는 과정이다.

그렇다면 우리는 구체적으로 무엇을 할 수 있을까? 이제는 이 질문을 곰곰이 생각해 보고, 각자 스스로 답을 찾아

꿈꿀 권리

가야 한다. 여기 몇 가지 실마리만 적어 본다.

1. 자신의 재능과 관심사 발견하기

블로흐는 모든 사람에게 고유한 가능성이 있다고 생각했다. 문제는 그 가능성을 발견하고 키우는 일이다. '나는 뭘 좋아하지?', '나는 뭘 할 때 살아 있는 느낌이 들지?' 같은 질문을 계속 던져 보는 것이 필요하다.

2. 주변의 작은 문제들에 관심 갖기

사회 문제라고 해서 항상 거대한 것만 있는 것은 아니다. 여러분 주위에도 해결할 수 있는 작은 문제들이 많이 있다. 교실에서 소외되는 친구는 없는지, 학교 환경을 조금 더 좋게 만들 수는 없는지, 동네에서 함께 개선하면 좋을 것들은 무엇인지 생각해보는 것부터 시작할 수 있다.

3. 새로운 것에 도전하기

"아직-아님"의 세계에서는 언제나 새로운 가능성이 열려 있다. 안전한 영역에서만 머무르기보다, 조금씩 나를 불편하게 하는 새로운 경험에 도전해 보는 것도 좋다. 평소에 말 걸어보지 못했던 친구에게 먼저 인사하기, 용기가 나지 않아 미뤄 두었던 활동에 참가해 보기, 한 번도 읽어보지 않은 장르의 책 읽기나 영화감상 시도해 보는 것 등이 그 예이다.

4. 다른 사람과 연결되고 소통하기

희망은 혼자 있을 때보다 함께할 때 훨씬 더 강해진다. 비슷한 관심사를 가진 사람들을 찾아보고, 온라인이든 오프라인이든 건강한 커뮤니티에 참여해 보는 것도 좋다. 무엇보다도 다른 사람의 이야기를 진심으로 들어 주고, 내 이야기를 솔직하게 건네는 경험을 해 보는 것이 중요하다.

5. 꾸준함의 힘 믿기

큰 변화는 하루아침에 일어나지 않는다. 작은 일을 조금씩, 그러나 지속하는 것이 중요하다. 매일 조금씩이라도 내가 좋아하는 일을 계속하기, 작은 친절을 꾸준히 실천하기, 어제보다 조금은 성장한 나를 스스로 인정해 주기 같은 것들이 쌓여 어느 순간 큰 변화를 만들어 낸다.

에른스트 블로흐와 함께 걸어온 이 여정에서 우리는 몇 가지를 배웠다. 희망은 단순한 감정이 아니라 현실을 바꾸는 힘이라는 것, 우리의 미완성은 부끄러운 것이 아니라 가능성이라는 것, 그리고 작은 꿈과 작은 실천들이 결국 세상을 바꾸는 흐름에 합류할 수 있다는 것이다.

희망이 없는 세대, 희망 없다고 느끼는 사람들에게 블로흐는 중요한 가르침을 준다. 희망은 인간의 '실존적 조건', 다시 말해 희망이 인간을 인간답게 만든다는 사실을 자각하게 해 준다는 점이다.

하지만 이 모든 이야기의 진짜 주인공은 블로흐가 아니라 바로 여러분이다. 여러분이 만들어 갈 미래는 아직 아무도 가 보지 못한 곳이다. 그 길을 만들어가는 것은 바로 여러분이다. 진짜 희망을 품고, 한 걸음씩 나아가면서 말이다.

블로흐는 『이 시대의 유산』에서 젊음의 양면성에 주목했다. 젊은이들은 내일을 자신 안에 품고 있지만, 그것을 항상 명확히 의식하는 것은 아니다. 젊음은 오늘의 현실에 만족하지 않는데, 그 불만족이야말로 중요하다. 하지만 그 불만족은 과거로 회귀하려는 방향으로도, 미래를 향한 진보의 방향으로도 나아갈 수 있다. 블로흐가 보기에 결정적인 것은 청년의 불만족이 나의 성장, 혹은 역사의 진보와 결합하느냐, 아니면 그것에 반대하느냐였다. 젊음은 본질적으로 혁명적이지만, 그 혁명적 에너지가 퇴보를 향할 수도, 진보를 향할 수도 있다. 그러므로 젊은이들이 진정한 희망과 거짓된 희망을, 진정한 변화와 거짓된 변화를 구별하는 법을 배우는 것이 무엇보다 중요하다.

여러분이 느끼는 불만과 답답함, 막막함은 단지 투정이 아니라, "아직-아님"의 세계에서 건너오는 신호일지도 모른다. 그 신호를 잘 들여다보고, 가짜 희망이 아니라 진짜 희망을 붙잡는 법을 배워 가는 것. 그것이 지금 '젊음'을 살아가는 여러분에게 주어진 중요한 과제일지도 모른다.

꿈꿀 권리

더 읽어볼 만한 것들

에른스트 블로흐의 책

- 『유토피아의 정신』
- 『자연법과 인간의 존엄성Naturrecht und menschliche Würde』
- 『이 시대의 유산Erbschaft dieser Zeit』

청소년을 위한 희망 관련 도서들

- 『연금술사』
- 『모모』
- 『어린 왕자』

희망과 관련된 영화들

- 『인사이드 아웃』 – 감정의 의미에 대한 성찰
- 『소울』 – 삶의 목적과 의미에 대한 탐구
- 『모아나』 – 자신의 길을 찾아가는 성장 이야기

희망을 주는 웹툰들

- 『치즈인더트랩』 – 성장과 관계에 대한 이야기
- 『미생』 – 사회 초년생의 고군분투기
- 『삼봉이발소』 – 일상 속 작은 행복들

인간다움의 실현과 더불어 사는 삶

공자

박승현

"거친 밥을 먹고 맑은 물을 마시며, 팔을 베고 누워 자더라도 즐거움은 그 속에 있는 법이다. 의롭지 않은데도 부유하고 높은 자리에 오르는 것은 내게 뜬구름과 같다."

"인(仁)이 멀리 있는가? 내가 인을 하고자 하면 곧 인에 이를 것이다."

— 공자

공자의 말 속에는 삶의 방향성과 태도가 분명하게 드러난다. 공자는 '사람답게 산다'는 것이 물질적인 외적 조건에 달려 있는 것이 아니라, 자신의 의지를 어디에 두고 어떻게 결단하며 실천하느냐에 달려 있음을 강조한다. 배부름이나 안락함에서 오는 만족이 아니라, 스스로 부끄럽지 않은 삶, 곧 의(義)에 맞는 삶을 살기로 결단하고 그것을 실현할 때만 비로소

공자·인간다움의 실현과 더불어 사는 삶 | 박승현

참된 즐거움이 생긴다는 뜻이다.

왜 '꿈'을 말해야 하는가?

우리는 흔히 어린 사람에게 "너의 꿈은 뭐니?"라고 묻는다. 그런데 사실 이 질문은 나이 든 사람에게도 똑같이 던질 수 있는 질문이다. 여기서 말하는 '꿈'이나 '이상'은 단순히 "나중에 무엇이 될까?" 하는 직업 계획만을 가리키지 않는다. 그것은 어떤 삶을 좋은 삶으로 여기고, 무엇을 향해 나아가고 싶은지에 대한 방향을 포함한다. 그래서 남에게 피해를 주거나 남의 것을 빼앗으려는 마음은 '꿈'이나 '이상'이라고 부르지 않는다. 우리가 '꿈'이라고 부를 때는, 그 안에 언제나 자기 삶을 더 의미 있고, 올바른 쪽으로 돌리고 싶은 마음이 들어 있기 때문이다. 왜 사람은 이런 마음, 이런 의지를 품게 될까?

인간의 삶은 기본적으로 비극성을 전제한다. 내가 원해서 태어난 것도 아니고, 내가 원할 때 떠날 수도 없다. 태어날 때도, 죽을 때도, 우리는 자기 의지와 상관없이 갑자기 인생이란 무대 위에 등장했다가 또 갑자기 내려가야 한다. 그리고 우리의 일상생활이 늘 하루하루 반복되는 것처럼 느껴지지만, 실상 오늘이라는 시간은 한 번 지나가면 영원히 다시 돌아오

꿈꿀 권리

지 않는다. 그렇기 때문에 '사는 것'은 늘 처음 맞이하는 '오늘' 이라는 미지(未知)의 시간과 씨름하는 과정이다. 누구도 미리 '오늘'을 살아본 적이 없다. 그래서 마주하게 되는 매 순간은 무엇인가를 선택해야만 하는 모험의 연속이라 할 것이다. 살 아가는 삶 자체가 불안하고 힘든 근본(根本)적인 이유가 바로 여기 에 있다. 이 모험 속에서 우리는 자연스럽게 이런 질문을 품게 된다. "나는 이 한 번뿐인 삶을 어떻게 살아야 할까?" "이 삶 의 무대 위에서 맡은 내 역할을 어떻게 의미 있게 다하고 떠날 수 있을까?"

이 질문이 바로 인간이면 누구나 갖게 되는 삶의 '궁극적 인 물음'이다. 그래서 우리는 매 순간 눈앞의 상황에 대해 "이 게 옳은가, 그른가?", "이 선택이 정당한 것인가 그렇지 않은 것인가?", "이 선택은 나답고, 사람다운가?"를 묻게 된다. 잠 시만 이런 물음을 멈추면 어떻게 될까? 긴장의 끈을 놓고 자 기 삶을 돌아보지 않으면, 삶은 금세 방향을 잃고, 타락의 길 로 접어들기 쉽다. 그것이 삶의 근본적인 이치이다. 바로 이 근원적인 물음이 있기 때문에, 인간은 주어진 현실에 그냥 안 주하거나 무비판적으로 순응하지 않는다. 오히려 조금이라도 더 바람직한 방향으로 삶을 바꾸고 싶어 하고, 부단히 그것을 실현하기 위하여 노력한다. 여기서 '꿈'과 '이상'은 단순한 구 호가 아니라, 내 의지가 어디를 향해야 하는지 방향을 잡아 주고, 구체적으로 어떤 삶을 목표로 삼아야 하는지 기준을 세워 준다.

만약 이런 꿈과 이상이 없다면, 우리의 삶은 방향을 잃게 되고, 삶에서 소중한 것이 무엇인지에 관한 의식도 희미해진다. 결국 깊은 무력감이나 허무감에 빠지기 쉽다. 그러므로 꿈과 이상이 지향하는 최종 목표는 시간이 제한된 이 생 안에서 '사람답게 사는 것', 다시 말해 한 인간으로서 자신의 몫을 다한 삶을 살아가는 데 있다. 그것은 곧 '사람다움'의 구현이며, 인격 완성을 향한 멈출 수 없는 걸음이다. 그래서 우리는 끊임없이 "너는 무엇을 향해 살고 싶으냐?", "너의 꿈은 무엇이냐?"라는 물음을 던질 수밖에 없다. 이 질문은 곧 "너는 어떤 삶을 좋은 삶으로 보느냐?"라는 질문이기도 하다.

꿈과 이상을 바탕으로 보다 나은 삶을 향한 질문을 던지기 위해 먼저 요구되는 것이 있다. 그것은 바로 자신의 삶에 대한 책임성을 스스로 자각하는 것이다. 부모로부터 받은 생명은 시간적으로 보면 우리의 '1차적 시작'이다. 하지만 내 삶의 책임성을 스스로 자각하고, "이제부터는 내가 내 삶을 책임져야 한다"고 결심하는 순간, 이것은 바로 가치적 의미에서의 '2차적 시작'이다. 이 2차적 시작에서 비로소 주체적 자아가 형성된다. 그리고 여기서부터 인간다운 삶, 인격 완성을 향한 첫걸음이 시작된다.

꿈꿀 권리

인간다움이란 무엇인가?

우리는 흔히 "사람답게 살아야 한다"라는 말을 한다. 하지만 막상 '사람답다'는 말을 정의하려 하면 쉽지 않다. '사람다움'은 한마디로 '부끄러움을 아는 데서' 시작된다. 여기서 말하는 부끄러움은 단순히 체면이나 남의 눈치를 보는 차원이 아니다. 나만 잘 살겠다는 마음을 넘어, 타인과 함께 살려는 성찰에서 나오는 도덕적 감정이다. 생물학적으로 인간도 동물의 한 부류에 속한다. 동물의 가장 큰 관심사는 생존이다. 먹을 것을 찾아 헤매고, 자신과 새끼를 보호하는 데 대부분의 에너지를 쓴다. 인간에게도 먹고 사는 문제는 가장 기본적인 과제이다. 그러나 인생 전체가 오직 물질적 측면에서 생존에만 묶여 있다면, 여전히 동물의 차원을 벗어나지 못한 셈이다. 인간도 동물이긴 하지만, 다른 동물보다 한 걸음 더 나아가는 지점은 어디일까? 그것은 인간이 본능적인 생존의 단계를 넘어서, 타인과 함께 살아가는 방식, 더 높은 가치를 향한 삶을 고민하는 지점이다. 그 곳에서 비로소 '사람다움'이 드러난다.

'부끄러움'은 바로 이 지점을 지키게 해 주는 마음이다. 자기 행동을 돌아보고, "이건 양심에 맞는가?", "남에게 상처 주는 일은 아닌가?"를 묻게 만드는 힘이다. 이 마음이 작동할 때 인간은 동물, 즉 짐승의 차원으로 떨어지지 않고, 사람다움의

공자 · 인간다움의 실현과 더불어 사는 삶 | 박승현

길을 걸을 수 있다. 반대로 이 마음의 작동을 꺼버리는 순간 우리는 무절제한 욕망의 충족을 위하여 하지 못할 일이 없어지는 존재가 된다. 우리가 부당한 일을 피하고 삼가는 이유는 결국 '양심'에 어긋나고, 스스로 부끄러움을 느끼기 때문이다. 욕망과 이기심이 이 본심을 덮어버리면, 우리는 쉽게 부당함을 용인하고, 때로는 앞장서서 부정을 저지르기도 한다. 우리의 마음이 자기중심적인 이기심으로 흐르지 않게 하기 위해서는 수양과 교양 교육의 과정을 통하여 자기를 조절하고, 교정해 가는 과정이 반드시 필요하다.

문제는 오늘날 우리의 교육이 이런 '부끄러워할 줄 아는 마음', 곧 '깨어 있는 마음'의 중요성을 충분히 강조하지 않는다는 점이다. 지금의 교육은 대체로 실용성과 지식정보의 획득에 치우쳐있다. 초·중·고등학교의 목표는 좋은 대학에 들어가는 것이고, 대학의 목표는 좋은 직장을 얻는 것이다. 그 이후에는 물질적 풍요와 사회적 지위를 획득하기 위하여 무한경쟁을 벌이게 된다. 그 이유는 단순하다. 더 많은 재화(돈)를 획득하여 더 많은 물질적 소비를 통한 욕망 충족의 기회를 높이려는 것이다. 자본주의 사회에서는 얼마나 소비할 수 있는 능력을 갖추었느냐가 얼마나 행복한 삶을 사느냐를 측정하는 지표로 작동하기 때문이다. 그래서 인간이 더불어 사는 삶의 원칙을 기르는 교육이 아니라, 무한경쟁에서 승리하는 기술과 기교만을 획득하는 것을 교육의 목표로 삼고 있다고 해도 과언은 아닐 것이다. 그 과정에서 "어떻게 인간답게 살 것인가?"를 성찰하는 교육은 자꾸 뒷전으로 밀려날 수밖에 없는 것이 우리의 현실이다.

공자는 이렇게 말했다. "부귀는 사람들이 좋아하는 것이지만, 의(義)에 맞지 않은 방법으로 얻었다면 머물러서는 안 된다. 빈천은 사람들이 싫어하지만, 의에 맞는 방법으로 벗어날 수 없다면 떠나서는 안 된다." 이 말의 의미는 간단하다. 부자가 되든, 가난에서 벗어나려 하든, 언제나 정당하고 바른 길, 즉 '공정성'의 원칙에서 벗어나서는 안 된다는 것이다. 만약 마음속에 옳고 그름을 가르는 공정한 마음, 깨어 있는 양심이 없다면, 우리는 편법을 쓰고 사익만 좇으며, 사회적 공익을 버리게 된다. 더 나은 사회를 만들려면 결국 각자의 양심에 귀 기울이는 일이 필요하다. 그리고 매순간 '나'만이 아니라 '함께'를 생각하는 마음이 살아 있어야 한다. 그것이 곧 인간다움의 길이며, 짐승의 세계를 넘어서는 길이다.

오늘 우리의 현실을 보면, 이런 마음이 제대로 작동하지 않는 듯하다. 타인의 고통에 쉽게 무감각해지고, '내 일이 아니면 그냥 지나쳐도 된다'고 여기는 분위기가 널리 퍼져 있다. 부당한 일을 당한 사람만 손해를 보고, 억울함을 호소해도 제대로 들어주는 사람이 많지 않다. 이것은 결국 연대 의식의 부

공자 · 인간다움의 실현과 더불어 사는 삶 | 박승현

재이다. 함께 사는 사회가 아니라, 각자도생의 승자독식 사회로 기울어져 버린 결과이다. 이제 우리는 '나만 잘 살겠다'는 왜곡된 경쟁의 게임을 멈추어야 한다. 제도와 법도 중요하지만, 그보다 먼저 타인을 배려하고 존중하는 마음을 회복하는 것이 중요하다.

그렇다면 타인을 배려하고 존중하는 마음은 어디서 나오는가? 바로 자기 자신을 존중하고 사랑하는 마음에서 출발한다. 그러나 여기서 말하는 자기 사랑은, 자신만 생각하는 이기심과는 다르다. 공자는 이를 '인(仁)'이라고 불렀다. 인은 인간이 실현해야 할 최고 가치이면서, 동시에 모든 도덕 실천의 원동력이다. 인은 따뜻한 마음, 즉 자신의 존재가치를 인정하고, 그것을 기반으로 하여 타인의 고통을 자신의 고통으로 느끼고, 배려와 존중으로 나아가는 마음이다. 이 따뜻한 마음이 식어 버리면, 우리는 자신의 존재가치를 상실함과 동시에 타자의 고통에도 무감각해지고, 결국 사회는 차갑고 험한 곳이 된다. 바로 이 따뜻한 마음을 양심, 부끄러워하는 마음, 깨어 있는 마음이라고 부를 수 있다. 이것이 인간다움을 떠받치는 내적인 뿌리이다.

사람다움을 실현하는 원동력으로서의
인(仁)의 의미와 공감 능력

우리는 일상에서 수많은 규범과 예절을 접한다. 어른을 만나면 어떻게 인사해야 하는지, 친구와는 어떤 태도로 지내야 하는지, 사회에서 지켜야 할 기본 예의는 무엇인지 등. 그러나 이런 규범이 진짜 의미를 가지려면, 그 앞에 반드시 상대를 존중하고 배려하는 마음, 곧 인이 전제되어야 한다. 인을 앞에서 '따뜻한 마음'이라고 했다. 그 마음이 자기 내면으로 향하면 자신을 성찰하는 '자기 정화'의 기능으로 작동하게 되고, 자기 밖으로 향하게 될 때는 타자에 대한 배려와 존중의 원리로 작동하게 된다. 그러한 마음이 빠진 예절과 규범은 쉽게 겉치레와 가식으로 변한다. 때로는 자신의 목적을 이루기 위한 수단으로 악용되기도 한다.

공자는 이런 위험을 잘 알고 있었다. 그래서 이렇게 말한다. "사람들이 '예(禮)다, 예다'라고 하지만, 어찌 옥이나 비단 같은 예물만을 예라 하겠는가? 사람들이 '악(樂)이다, 악이다'라고 하지만, 어찌 종과 북 같은 악기만을 악이라 하겠는가?" 즉 옥과 비단이 있다고 예가 되는 것이 아니라, 공경하는 마음이 옥과 비단을 예답게 만든다. 종과 북이 있다고 악이 되는 것이 아니라, 조화로운 마음이 그 소리를 악답게 만든다.

공자 · 인간다움의 실현과 더불어 사는 삶 | 박승현

그래서 공자는 단호하게 말한다. "사람이면서 인(仁)하지 않다면, 예(禮)를 행해서 무엇 하겠는가? 사람이면서 인하지 않다면, 악(樂)을 행해서 무엇 하겠는가?" 예악(禮樂)이라는 도덕 규범보다 앞서는 것이 바로 인이라는 따뜻한 마음이 작동해야 한다는 뜻이다. 우리는 여기서 예와 인을 구분할 필요가 있다. 예는 시대와 상황에 따라 달라질 수 있는 사회적 규범이고, 인은 그 예가 성립할 수 있게 해 주는 변하지 않는 근본 원리이다. 공자가 "원래 면류관은 삼베로 만드는 것이 예지만, 지금은 실로 만든 것을 쓰니 검소하므로 나는 대중을 따르겠다"고 말한 것은, 예의 규범이란 형식은 시대에 따라 바뀔 수 있음을 보여 준다.

하지만 또 이렇게 말한다. "원래 당 아래(堂下)에서 절하는 것이 예이지만, 지금은 당 위에서 절한다. 이는 교만하다. 나는 비록 대중과 다르더라도 당 아래에서 절하겠다." 시대의 조류와 형식만 따라가면 안 되는 자리가 있다. 상대를 존중하는 마음이 무너지는 지점에서는, 오히려 대중과 다르게 행동해야 할 때도 있다는 뜻이다. 여기서 공자가 지키고자 하는 것은 단순한 규범적 형식이 아니라, 타자에 대한 배려와 존중의 원리인 '인'이다.

공자가 말하는 인은, 상대를 사랑하고 존중하는 마음, 공손함과 관대함, 신의와 민첩함, 은혜로움이 함께 모인 상태이

꿈꿀 권리

다. 한마디로 요약하면, 자기를 성찰하고, 타인을 따뜻하게 대하는 마음이다. 그렇다면 이런 마음은 어떻게 길러질 수 있을까? 공자의 제자 증자는 "나는 날마다 세 가지로 나를 반성한다. 하나, 남을 위해 일을 하면서 정성을 다했는가? 둘, 벗과 사귀면서 믿음을 지켰는가? 셋, 배운 것을 익히는 데 힘썼는가?"라고 말한다. 항상 자기를 돌아보는 깨어 있는 마음을 갖는 것에서 출발한다. 마음이 깨어 있을 때, 우리는 자신의 말과 행동을 돌아볼 수 있고, 나아가 타인의 삶과 고통에도 공감할 수 있다.

그래서 공자는 이렇게 가르친다. "자기가 원하지 않는 일은 남에게 시키지 말라." "내가 이루고 싶다면 남도 이루게 하고, 내가 통달하고 싶다면 남도 통달하게 하라. 자신의 마음을 바탕으로 남의 처지를 헤아리는 것이 곧 인이다." 공자는 모든 도덕 규범이 인이라는 따뜻한 마음에 기초할 때 비로소 참된 의미와 가치를 가진다고 본다. 효(孝)와 제(悌)를 인의 근본이라고 한 것도 이 때문이다. 효와 제는 단순히 형식적인 효도와 공손함이 아니다. 마음에서 우러나와야 하고, 그 마음이 행동으로 드러날 때 비로소 인이 실현된다. 인간도 동물처럼 생존을 먼저 고민하지만, 인간은 여기서 멈추지 않는다. "함께 사는 문제"를 고민하는 순간, 도덕이 생겨난다. 진정한 도덕은 누가 강제로 시켜서 하는 것이 아니라, 스스로의 의지에서 나오는 자율적인 선택이다. 그 자율적인 의지가 바로 따뜻한 마음, 인이다.

오늘날 효와 제같은 규범을 말하기에 앞서, 먼저 인, 곧 타인의 처지를 자기 마음으로 헤아릴 수 있는 공감 능력으로서의 따뜻한 마음을 회복해야 한다. 이 마음이 있을 때, 우리는 자기 자신을 긍정할 수 있고, 동시에 타인을 존중하고 배려할 수 있다. 이것이 바로 사람다움을 실현하고, 더불어 사는 삶의 출발점이다. 이것이 공자의 인 사상이 담고 있는 핵심이다.

사람다움의 실현을 꿈꾸는 것은 자기를 이기는 데서 시작된다. 극기克己

인간다움을 실현한다는 것은 결국 도덕을 현실에서 실제로 실천하는 문제이다. 도덕 실천은 늘 내 안의 감성적 자아와 이성적 자아 사이의 긴장 속에서 이루어진다. 우리는 머리로는 "이렇게 행동하는 것이 옳다"는 것을 안다. 하지만 실제 행동으로 옮기려면, 과도한 욕심과 불필요한 욕구와 싸워 이겨야 한다. 그래서 도덕 실천은 단순한 지식이 아니라, 의지의 발현이며, 깨어 있는 자신이 자신을 재배하는 것이다. 실상 자기를 지배하는 일은 세계를 지배하는 일보다 훨씬 더 어렵고, 또한 위대하다는 말도 있다.

공자는 이를 "극기복례(克己復禮)"라는 말로 표현한다. "자기를 이기고 예로 돌아가는 것이 인을 실천하는 것이다." 여기서 '극기'란 사사로운 욕심을 이겨 내는 것이고, '복례'란 도덕적 표준, 즉 인간이 마땅히 해야할 바를 실행함으로 돌아가는 것이다. 여기서 예(禮)는 오늘날 보통 말하는 예법·제도·형식이 아니다. '복례'라는 것은 단순히 사회적으로 규정된 제도나 형식을 회복하자는 뜻이 아니다. 다시 말해, 극기복례에서 극(克)은 '이기다', 복(復)은 '되돌아가다'으로, 부정적인 쪽에서는 나를 사로잡고 있는 사욕과 탐욕을 줄이고, 긍정적인 쪽에서는 인간이라면 마땅히 실천해야 할 가치를 다시 회복하는 뜻이 된다. 공자가 예라는 말을 쓴 것은, 인간 안에 이성이 존재한다는 점, 그리고 그 이성이 도덕적 방향을 제시할 수 있다는 점을 드러내려는 것이다. 결과적으로 극기복례는 자기의 이기적 욕망을 이겨내고, 이성적으로 인을 실천하는 과정을 가리킨다.

여기서 말하는 이성은 단순한 계산 능력이나 효율성을 추구하는 도구적 이성이 아니다. 무엇이 유리한가를 따지는 이성이 아니라, 무엇이 바른가를 판단하는 '도덕이성'이고 '방향이성'이다. 만약 이성의 역할을 효율성과 편익을 계산하는 데만 한정하면, 인간은 결국 도구적인 존재, 수단적인 존재로 떨어진다. 동물에게는 도덕 실천이 없다. 인간에게는 도덕 실천이 있고, 그것의 실현을 통해 인간을 하나의 인격체로 완성시킨다. 극기복례의 실제 내용은 아주 구체적이다.

공자는 이렇게 말한다. "예가 아니면 보지 말고, 예가 아니면 듣지 말고, 예가 아니면 말하지 말고, 예가 아니면 행동하지 말라." 눈, 귀, 입, 몸의 모든 활동(視聽言動)을 예, 곧 도덕 이성에 맞추라는 뜻이다. 물론 완벽하게 지키기는 어렵다. 그러나 이런 기준을 마음속에 세워 두고 끊임없이 가까이 가려는 노력 자체가 극기복례이다.

또한 공자는 도덕 실천의 자율성을 강조한다. "인을 행하는 것은 자신에게 달려 있지, 남에게 달려 있지 않다." 사람다움의 실현, 즉 도덕은 누가 억지로 강요해서 되는 것이 아니다. "하고 싶지 않은데 억지로 하는 것"은 진정한 도덕이 아니다. 스스로 옳다고 느끼고, 자발적으로 선택할 때 비로소 인간의 존엄이 드러난다. 그래서 도덕을 단순한 규제나 속박으로만 보면, 그 안에서 인간의 품위와 자유를 발견할 수 없다. 공자의 눈에는, 도덕을 통해 스스로를 다스리는 사람, 곧 자기를 이겨 인을 실천하는 사람이야말로 진정한 인간다운 사람이다.

자기 긍정의 길로 나아가기

흔히들 현대인을 꿈을 잃어버린 사람들이라 칭한다. 꿈과 이상을 잃어버렸다는 것은 바로 삶의 가치와 방향성을 잃어버렸다고 할 수 있다. 현대의 기세문명을 바탕으로 한 산업자본주의의 찬란한 발전과 성과 이면에 자리하고 있는 허무주의의 그림자를 읽어내어야 한다. 한국 사회는 눈에 보이는 경제 지표만 보면 과거보다 훨씬 성장했다. 신자유주의 사상에 바탕을 둔 금융자본주의가 발달할수록 사회적 양극화는 더욱 심화되고 있으며, 그에 따른 상대적 빈곤감이 사람들의 마음에 상처를 더 악화시키고 있다. 또한 청소년의 절망감과 마음의 빈곤감 역시 점점 더 심해진 듯하다. 삶이 재미없고, 미래가 막막하다고 느끼는 청소년과 청년이 늘어나고 있다. 외형적으로 물질적 풍요와 소비의 질은 높아가지만, 그 반면 OECD 국가 중 자살률 1위, 출산율 최저라는 현실이 우리가 직면하고 있는 정신적 위기의 현주소를 적나라하게 보여 주고 있다.

우리의 사회를 돌아보면, 함께 살아가는 가치가 점점 희미해지는 듯하다. '나만 아니면 돼' '일등만 알아주는 더러운 사회' 이런 말들이 유행어처럼 쓰이는 이유도 그 때문이다. 우리는 패자에게 관대하지 않다. 승자만 기억되고 존중받는 사

공자·인간다움의 실현과 더불어 사는 삶 | 박승현

회에서 사람들은 승자가 되기 위해 무한경쟁을 벌인다. 그 결과 패자는 끊임없이 양산되고, 많은 청년이 이 사회를 '헬조선'이라 부르며 자조한다. 승자독식 사회는 결국 동물의 세계, 다시 말해 약육강식과 적자생존의 논리를 사람의 세계에 그대로 들여온 것에 불과하다. 우리는 생존을 위한 현재와 같은 광적인 경쟁 게임을 다시금 돌아보아야 할 지점에 서 있다.

이 상황을 바꾸려면, 사회적 환경과 제도적 개선이 필요하지만, 그에 앞서 인간들의 삶의 자세와 가치관의 전환이 먼저 요구된다. 인간의 의지가 변화하지 않는다면 사회적 제도와 환경의 변화를 기약할 수 없다. 이 비극적인 현실을 극복하려면, 제도 개혁과 함께 반드시 공감 능력의 회복이 필요하다. 양심을 가진다는 것은 곧 부끄러움을 느낄 줄 아는 마음을 가진다는 뜻이다. '부끄러움'을 느낀다는 것은 양심이 살아 있다는 신호이고, 양심은 자기 행동을 성찰하고, 타인의 고통에 귀 기울이는 마음이 작동하고 있다는 것이다. 인간을 단지 '살아 있는 생물'로만 이해하면, 인간과 동물의 차이는 희미해진다. 그래서 자연과학적 방법론만으로는 인간의 존엄을 설명하기 어렵다. 인간은 사회적 관계 속에서 공존을 고민하고, 도덕을 실천하고, 이상을 향해 나아가려는 존재이다. 바로 그 지점에서 인간의 존엄성이 드러난다.

우리는 잃어버린 가치를 회복해야 한다. 특히 같은 공간과 시간을 함께 살아가고 있다는 연대 의식이 필요하다. 사람답게 살려면, 우리는 자기 양심의 소리를 들을 수 있어야 하고, 남과 더불어 살려는 깨어 있는 마음이 늘 작동해야 한다. 하지만 지금 사회에서는 이런 마음이 자꾸 작동을 멈춘다. 나에게 직접 닥치지 않은 고통은 그냥 남의 일로 여겨 버린다. 억울한 일을 당한 사람만 손해를 보고, 그 억울함을 제대로 들어주는 구조도 부족하다. 이런 비극적 현실을 극복하기 위해서는 이런 현실을 공감할 수 있는 '깨어 있는 마음', 즉 '자각(自覺)'이 우리들 모두에게 요구되고 있는 것이다.

우리가 공자의 인 사상을 다시금 돌아보는 이유는 바로 인간의 존엄성을 공감 능력의 회복이라는 언어로 말해 주고 있기 때문이다. 인은 깨어 있는 따뜻한 마음이다. 자기 삶의 가치를 확인하고, 타인의 고통을 자기 일처럼 느끼고, 그에 대해 무언가 하고자 하는 마음이다. 이런 따뜻한 마음이 있을 때, 비로소 건강한 자기 긍정과 자기 존중감이 생긴다. 그리고 그 마음을 바탕으로 타인을 향한 배려와 존중이 가능해진다. 이것이 곧 더불어 사는 인간다운 삶의 출발점이다. 바로 이것이, 거친 밥과 맑은 물만으로도 기쁨을 말했던 공자의 가르침이 오늘 우리에게 여전히 유효한 이유이다. "의롭지 않은 부와 지위는 뜬구름과 같다"는 그 한마디는, 결국 우리에게 이렇게 묻고 있다. "너는 무엇을 얻기 위해 살 것이냐? 정말로 너답고 사람다운 삶은 무엇이냐?" 이 물음에 스스로 답을 찾아가는 과정, 그 길이 바로 인의 길이며, 자기를 이기고 사람다움을 실현해 가는 자기 긍정의 길이다.

쓸모없는 꿈은 없다

장자

이연도

호랑이나 표범이 사냥감이 되는 것은 가죽이 아름답기 때문이고, 사람들이 원숭이를 잡으려 드는 것도 재주가 뛰어나 구경거리로 쓸 수 있기 때문이다. 쓸모가 있다는 것은 곧 언제든 소모될 수 있다는 뜻이다.

사람도 마찬가지이다. 어떤 일을 잘한다고 칭찬받는 사람일수록, 그 능력 때문에 남의 일에 휘말리고, 끝없이 시달리기 쉽다. 지식이 많은 사람은 얼핏 똑똑해 보이지만, 정작 자기 삶의 맥락과 현실의 비극성은 잘 보지 못하고 허망한 지식의 껍질 속에서 헤맬 때가 많다. 지식은 누군가의 도구가 되어 남을 위해 일할 때는 쓸모 있어 보이지만, 정작 자신이 삶의 주체로 서야 하는 자리에서는 오히려 판단을 흐리게 만든다.

동양의 대표적인 철학자 장자(莊子)의 책에는 상수리나무 우화가 실려 있다. 도목수 석(石)이 제나라 곡원을 지날 때, 거

장자 · 쓸모없는 꿈은 없다 | 이연도

대한 상수리나무를 보게 된다. 그 그늘에만도 수천 마리의 소가 누워 쉴 수 있고, 둘레가 백 아름이나 될 만큼 웅장한 나무였다. 줄기는 산처럼 치솟아 배를 만들 수 있을 법한 가지가 수십 개나 뻗어 있었고, 구경하는 사람들도 무척 많았다. 그런데 정작 석은 눈길조차 주지 않고 그냥 지나쳐 버린다. 제자가 이상히 여겨 묻는다. "선생님을 모시고 다닌 지 수십 년인데, 이렇게 훌륭한 재목은 처음 봅니다. 왜 거들떠보지도 않으십니까?" 석이 대답한다. "저건 쓸모없는 나무다. 저걸로 배를 만들면 배가 물에 뜨지 못하고, 관을 만들면 금방 썩을 것이다. 그릇을 만들면 오래 못 쓰고, 문이나 창틀을 만들면 진이 흘러내리고, 기둥을 만들면 곧 좀이 슨다. 이렇게 아무데도 못 쓰니 지금까지 살아남은 것이다." 얼마 뒤 낮잠을 자던 도목수의 꿈에 상수리나무의 신이 나타나 말한다. "나는 오래전부터 일부러 쓸모없게 되기를 바랐다. 여러 차례 잘려나갈 위기를 겪었지만 쓸모없음으로 여기까지 왔다. 나에겐 이것이 '큰 쓸모(大用)'이다. 만약 내가 쓸모가 있었다면, 과연 지금처럼 이렇게 크게 자랄 수 있었겠는가?"

이 우화에서 상수리나무가 자신을 보존하고, 사방의 생명을 품을 만큼 크게 자랄 수 있었던 이유는 바로 '특정한 쓰임새가 없었기 때문'이다. 호랑이나 표범이 사냥감이 되는 것은 가죽이 아름답기 때문이고, 사람들이 원숭이를 잡으려드는 것은 재주가 뛰어나 구경거리로 쓸 수 있기 때문이다. 쓸모가 있다는 것은 곧 언제든 소모될 수 있다는 뜻이다.

사람도 마찬가지이다. 어떤 일을 잘한다고 칭찬받는 사람일수록, 그 능력 때문에 남의 일에 휘말리고, 끝없이 시달리기 쉽다. 지식이 많은 사람은 얼핏 똑똑해 보이지만, 정작 자기 삶의 맥락과 현실의 비극성은 잘 보지 못하고 허망한 지식의 껍질 속에서 헤맬 때가 많다. 지식은 누군가의 도구가 되어 남을 위해 일할 때는 쓸모 있어 보이지만, 정작 자신이 삶의 주체로 서야 하는 자리에서는 오히려 판단을 흐리게 만든다. 그런 의미에서 지식은 어리석은 이들에게는 얼핏 장점처럼 보이지만, 깊이 들여다보면 오히려 자신을 해치는 칼날이 될 수도 있다.

오늘날 우리 사회가 불안과 경쟁, 끊임없는 비교 속에서 지쳐가는 이유도 어쩌면 '유용한 것의 쓰임(有用之用)'만 알고, '무용한 것의 쓰임(無用之用)'을 모른 채 살아온 데서 비롯된 것은 아닐까. 장자는 "유한한 생명을 가진 인간이 무한한 지식을 추구하니 위태롭다"고 말한다. 인간의 생명력, 정신의 에너지는 근본적으로 한계를 지니고 있다. 그 한정된 에너지를 끝없이 무한경쟁과 비교, 과도한 지식 축적에 쏟아붓는다면, 결국 삶은 소진되고 마음은 메말라갈 수밖에 없다. 그렇다면 우리는 어떻게 이 생명의 활력을 보존하고, 진정으로 자유로운 삶을 모색할 수 있을까. 상수리나무의 우화는 바로 그 지점에서 '쓸모없음'이라는 역설적인 단어로 질문을 건네고 있다.

붕새가 구만리를 날아가는 이유

장자는 전국시대라는 혼란한 정치·사회적 격변기 속에서 살았다. 전쟁과 경쟁, 패권 다툼이 일상처럼 이어지던 시대였다. 전쟁에서 살아남고 패권을 잡기 위해 군주들은 끊임없이 유능한 전략가와 학자를 불러 모았다. 오늘날 우리들이 입시와 일자리 경쟁에서 숨 막히는 압박을 느끼는 것과 시대만 다를 뿐 구조적으로 크게 다르지 않다. 장자는 이런 현실 속에서 전혀 다른 방향의 상상력을 보여준다.

"아득히 먼 북쪽 바다(北冥)에 곤(鯤)이라는 큰 물고기가 있었다. 그 지느러미의 크기가 몇천 리나 되는데, 어느 날 문득 이 물고기가 변하여 큰 새가 되었다. 그 새의 이름이 붕(鵬)이다. 붕새의 날개 또한 몇천 리인지 알 수 없다. 이 붕새가 온 힘을 다해 한 번 날아오르면 그 날개는 하늘에 드리운 구름과 같다. 붕새는 바다에 회오리바람이 일면 남쪽 바다로 날아가는데, 그 남쪽 바다를 '하늘의 못(天池)'이라 한다."

북쪽의 바다, 곧 북명(北冥)은 현실에 존재하지 않는 상상의 바다이다. 남쪽 '하늘의 못'과 짝을 이루는, 끝을 가늠할 수 없는 하늘의 바다. 이 무한한 공간에서 살던 거대한 물고기 곤이 붕새로 변해 하늘 높이 날아오르는 이야기는 현실의 기준으로는 도저히 상상할 수 없는 '크기'를 상징한다. 이어서 장자는 매미와 작은 새를 등장시킨다.

> "매미와 작은 쓰르라미가 붕새를 비웃으며 말한다. 나는 있는 힘을 다해 느릅나무나 대추나무에 오르려 해도 간신히 도달하거나, 때로는 그마저도 중간에 떨어지고 만다. 그런데 저 붕새는 대관절 무엇 때문에 구만리나 날아 남쪽으로 가는지 모르겠다."

『장자』의 첫 장인 〈소요유(逍遙遊)〉에 실린 이 대붕의 비유는, 작은 날갯짓으로 살아가는 존재와 구만리 하늘을 나는 존재 사이의 차이를 극명하게 보여준다. 매미와 쓰르라미의 눈에는 붕새의 비상이 도무지 이해되지 않는다. 자신들이 도달할 수 있는 높이는 그저 낮은 나뭇가지에 불과하기 때문이다. 그들에게 하늘은 자신이 날아오를 수 있는 작은 범위 안에서만 의미가 있다. 우리가 살아가는 현실의 기준도 종종 이와 비슷하다. 점수, 스펙, 직업, 남들이 알아주는 '안정된 선택'이 마치 인생의 전부인 것처럼 여겨진다. 그 기준으로 보면 붕새가 북명에서 남쪽 호수로 구만리를 나는 것은 그저 쓸데없는 일처럼 보일 것이다.

우리는 왜 살아갈까. 단지 좋은 학벌과 안정된 직장을 얻기 위해서인가, 아니면 내가 어떤 사람으로 살아갈지, 어떤 꿈을 꾸어야 하는지 알기 위해서일까. 미국의 심리학자 에릭슨은 인간이 살아가는 동안 심리·사회적으로 여덟 단계의 과업을 겪으며 성장한다고 보았다. 신생아기에는 신뢰, 유아기에는 자율성, 초기 아동기에는 자발성, 중기 아동기에는 근면성, 청소년기에는 정체성, 청년기에는 친밀감, 중년기에는 생산성, 노년기에는 자아 통합이라는 과제가 있다. 특히 청소년기와 청년기에는 '나는 누구인가'라는 정체성의 물음이 핵심 과제로 떠오른다. 이 시기에 자아 정체성을 제대로 형성하지 못하면, 그 사람은 오랫동안 '자기 아닌 것'의 가면을 쓰고 살아가기 쉽다.

자기 정체성을 찾지 못한 사람은 자기 내면에서 삶의 방향을 찾기보다, 외부의 기준에 자신을 끼워 맞추려 한다. 현실 세계보다 가상세계나 게임 속 캐릭터에 자신을 과도하게 투영하게 되는 현상은 이런 정체성 혼란과 관계가 있다. 남들이 볼 때 비현실적이고 엉뚱해 보이는 꿈이라도 그것이 내가 진심으로 그리는 모습이라면 결코 '쓸모없는 꿈'이 아니다. 지금 내 날갯짓이 작고 서툴러 보이더라도, 북명에서 남쪽 하늘

꿈꿀 권리

의 못으로 날아가고자 하는 꿈과 용기가 있다면 그 자체로 이미 깊은 의미와 가치를 지닌다. 문제는 내가 진정 무엇을 원하는지, 어떤 삶을 '나의 삶'이라고 부르고 싶은지 뚜렷한 답을 가지려는 노력이다. 내가 좋아하는 친구, 내가 행복해하는 활동, 내가 공감하는 가치들에 대하여 끊임없이 질문하고 내 나름대로 그 대답을 찾아가는 과정이 바로 정체성 형성의 여정이다. 이 정체성이 불확실한 사람은 쉽게 외부의 이념이나 집단의식에 자신을 내맡기고 공격적 소속감으로 자신의 불안을 숨기려 한다. 오늘날 극단적으로 편향된 시각을 가진 청년들의 등장도 이런 맥락에서 해석할 수 있다.

멈추지 않고 흐르는 물은 바다에 이른다

오늘날 우리 사회는 모든 것을 효율성과 유용성의 잣대로 평가한다. 청소년, 청년 시기에 이 기준은 더욱 날카롭게 다가온다. 수능 점수, 수상 경력, 각종 인증과 자격증이 삶의 가치를 재는 잣대가 된다. 음악을 사랑하는 친구가 과학 시험에서 좋은 점수를 받지 못하면 사람들은 쉽게 "음악은 살아가는 데 쓸데가 없다"고 말한다. 그림 그리기를 좋아하는 학생에게는 "그게 밥 먹여 주냐"라는 말이 돌아온다. 정말 그것이

장자 · 쓸모없는 꿈은 없다 | 이연도

쓸모없는 것일까. 남들이 보기에 별다른 이익이 없어 보이는 개성과 취향, 취미들이 실제로는 그 사람을 지탱해 주는 뿌리가 될 수 있다.

상수리나무의 우화에서 중요한 것은 그 나무가 쓸모없었기 때문에 베어지지 않고 수많은 생명을 품는 거대한 거목이 되었다는 사실이다. 누군가에게는 아무짝에도 쓸모없는 나무가 다른 이에게는 쉬어 갈 수 있는 쉼터가 되고, 더위와 비로부터 뭇 생명을 보호해 주는 든든한 울타리가 된다. 장자가 말한 '쓸모없음의 쓸모(無用之用)'는 여기에서 생각의 전환을 가져온다. 돈과 점수, 효율과 생산성의 기준으로만 보면 쓸모없어 보이는 것들이 인간다운 삶의 가장 중요한 토대가 될 수 있다.

장자는 행복한 삶을 물에 빗대어 설명한다. 물은 높은 곳에서 낮은 곳으로 흐르며, 어느 곳을 지나더라도 스스로 길을 만들어 나간다. 물은 넓은 들판을 가로질러 흐르기도 하고, 또 어떤 때는 산과 산 사이 좁은 계곡을 따라 굽이치기도 한다. 중요한 것은 어디로 흐르느냐가 아니다. 흐르기를 멈추지 않는다는 점이다. 자신의 길을 따라 꾸준히 흐르다 보면 때로는 폭포가 되어 힘차게 떨어지기도 하고 큰 바위를 만나 돌아가기도 한다. 다만 멈추지 않고 흐르는 물은 끝내 바다에 이르게 된다. 동료보다 늦게 가는 것처럼 보일 수도 있고 남들이 보기에 멀리 돌아가는 것처럼 보일 수도 있다. 하지만 자기 속

꿈꿀 권리

도와 리듬을 지키며 묵묵히 흐르는 물은 마침내 자신만의 강을 이루어 낸다. 우리의 삶도 이와 다르지 않다. '쓸모없어 보이는 것'을 지키며 내 속도로 흐르며 나의 길을 만들어 가는 과정이 바로 자유로운 삶의 실질적인 모습이다.

내가 정말 원하는 삶은 무엇인가

『장자』에 나오는 유명한 이야기 '나비의 꿈(胡蝶夢)'은 우리가 당연하게 여기는 인식의 틀을 다시 묻게 만든다. 어느 날 장자가 낮잠을 자다가 꿈을 꾸었다. 꿈속에서 그는 한 마리 나비가 되어 꽃밭을 자유롭게 날아다니며 마음껏 춤을 추었다. 그 홀가분한 자유가 얼마나 기뻤던지 꿈에서 자신이 장자인지 나비인지 분간할 수 없었다. 그렇게 한참을 날다 문득 깨어 보니 이런 물음이 떠오른다. "내가 꿈속에서 나비가 된 것일까? 아니면 지금 내 모습이 실상 나비가 꾸는 꿈일까?"

장자는 이 비유를 통해 우리가 현실이라고 믿는 것, 우리가 당연하다고 여기는 사회의 기준이 과연 절대적인 것인가를 묻는다. 나는 과연 내 삶을 살고 있는가, 아니면 사회에서 정한 기준에 맞춰 그에 맞춰진 과제를 수행하고 있는가. 공부·입시·진로·관계 등 삶의 모든 영역에서 우리는 끊임없이 선택하지만, 정작 "내가 정말 원하는 삶은 무엇인가"라는 물음은 뒤로 미루거나 아예 묻지도 않은 채 살아간다. "어차피 현실을 벗어나지 못하는데 고민하면 뭐하냐"는 말 속에는 이미 자신의 삶에 대한 포기가 들어 있다.

장자의 물음, "지금의 내 삶이 꿈인가?"는 현실을 부정하자는 이야기가 아니다. 오히려 지금의 현실이 유일한 삶의 모습이 아님을 자각하라는 요청이다. 우리가 현실이라 부르는 것은 주위의 기대, 사회의 평가, 조직의 규칙이 엮어 만든 하나의 틀일 수 있다. 그 틀에서 보면 성적과 스펙이 인생의 전부처럼 보인다. 나비는 그 틀을 깨고 하늘을 나는 또 다른 가능성의 상징이다. 현실 속에서 상처받고 지친 나, 세상의 기준을 따르느라 자신의 본래 모습을 잃어버린 나, 그 틀을 깨뜨리고 나답게 살고자 결심하는 나, 이 모든 나가 사실은 하나의 존재 안에 공존한다. 문제는 어떤 나를 선택하여 살아갈 것인가 하는 것이다. 바로 그 선택이 나다운 나를 찾아가는 첫걸음이며, 장자가 말하는 자유의 시작이다.

꿈꿀 수 있는 권리

상수리나무의 '쓸모없음의 쓸모'와 '나비의 꿈' 이야기는 결국 꿈꿀 권리에 대한 철학적 대답으로 읽을 수 있다. 남들이 알아주지 않아도, 당장 눈에 띄는 성과가 없더라도 그 꿈은 분명한 가치가 있다. 오늘날 우리 현실은 꿈꿀 수 있는 권리를 한없이 협소하게 만든다. "네가 하고 싶은 건 대학 가서 해, 지금은 학업에만 신경 써"라고 말하는 성적 중심 교육, "네 친구는 벌써 ○○했다는데 넌 뭐하냐?"라고 묻는 비교 문화, "그 일은 돈이 안 돼, 현실적인 선택을 해"라고 압박하는 경제 논리는 모두 장자의 관점에서 보면 우리의 꿈을 쓸모없다고 몰아가는 강요이다.

장자는 여기서 조용히 반문한다. "쓸모없다고? 그것은 쓸모없음의 큰 쓸모를 보지 못했기 때문이야." 상수리나무는 인간의 용도에 맞지 않았기에 크게 자라 뭇 생명을 품을 수 있었다. 당장 유용해 보이지 않는 꿈과 취향이야말로 한 인간의 삶을 더 넓게 키워 줄 씨앗이 된다. 나만의 느린 속도, 남들과 다른 관심, 사회 평판과 다른 진로 선택이 나를 지켜 주는 나무가 될 수 있다.

이제 우리는 이렇게 물어야 한다. "네 꿈은 무엇이지?", "너의 바다와 하늘을 가지고 있는가?" 상수리나무와 붕새, 나비의 꿈은 우리에게 이렇게 말하고 있다. "너는 쓸모 있는 사람이 되기 전에 먼저 너 자신으로 살아갈 권리가 있다. 얼핏 쓸모없어 보이는 것들이 우리 모두를 살리는 큰 나무가 될 수 있다."

우리가
잊고 있는
것들

한나 아렌트

서동은

'모두에게 현상하는 것, 이를 우리는 존재라 부른다.' 현상하지 못하는 것은 모두, 매우 친밀해서 전적으로 우리 자신의 것이지만 실재하지 않는 꿈처럼 왔다가 사라져버린다.

– 한나 아렌트

인간이란 무엇일까? 우리는 어떤 존재일까? 만약 인간이 노동하는 존재이고, 도구를 사용하는 존재이며, 이성적인 존재라고만 말한다면, 그에 걸맞게 일하고 생각하며 살면 '인간답게' 사는 것일까? 그렇다면 과연 '인간답다'는 말은 무엇을 의미하고, 우리가 인간답게 살기 위해서는 어떻게 살아야 할까? 인간은 무엇으로, 무엇을 위해 사는가? 이 세상에서 살아가는 인간이 다른 동물과는 다르게, 정말 인간 본래의 모습대

● 한나 아렌트, 『인간의 조건』, 이진우 옮김, 한길사, 2024, 300쪽

로 살아가는 것이 가능할까? 그리고 그것이 가능하려면 우리는 어떤 삶의 방식을 선택해야 할까? 과연 어떻게 살아야 인간답게 잘 사는 것일까?

우리는 기본적으로 다른 동물이나 식물과 마찬가지로, 생명을 가진 존재로 살아간다. 그래서 우리에게도 생명을 붙들고 싶어 하는 집착이 있다. 이것은 살아 있는 모든 존재가 공유하는 본능이라고 할 수 있다. 그렇다면 이렇게 물어볼 수 있다. 우리는 그저 생명을 유지하기 위해 자동으로 움직이는 '생존 기계'에 불과한가? 만약 인간의 삶이 단순히 살아남는 생존 기계로만 설명될 수 없다면, 우리는 대체 무엇을 위해 사는 것일까? 아니면 인간이 만들어 온 세계와 문명을 누리기 위해 사는 것일까?

하지만 잘 생각해 보면, 인간이 만든 찬란한 문명들조차 시간이 지나면 사라지고, 그 자리에는 다시 잡초만 무성한 공터가 남기도 했다. 문명이 사라진 자리에서도 인간은 또다시 살아남았고, 지금도 여전히 살아간다. 그렇다면 인간의 삶은 무엇을 위한 것인가? 더 나아가, 나의 삶은 무엇을 위한 것인가? 나는 어떻게 살아야 '잘 살았다'고 말할 수 있을까? 우리는 보통 이러한 질문을 던지지 않는다. 삶이 지루하거나 불치의 병을 진단 받았거나 인생의 마지막 순간 이외에는 좀처럼 위와 같은 질문을 하지 않고 살아간다. 아렌트는 히틀러의 유대인 박해를 피해 미국으로 망명하면서 위와 같은 물음을 던졌다.

이 질문에 대한 한나 아렌트의 대답은 이렇다. 인간을 인간답게 하는 가장 근본적인 조건은, 단순히 생존을 위한 '노동'도, 문명의 기초가 되는 물건과 작품을 만들어 내는 '작업'만도 아니다. 그녀는 인간을 인간답게 만드는 힘을 '행위(action)'에서 찾는다. 여기서 말하는 행위란, 공동체를 만들고, 타인과 더불어 공적인 공간에서 자유롭게 말하고 소통하고 대화하는 삶이다. 이런 공적인 행위의 삶이야말로 인간을 가장 인간답게 만드는 힘이라는 것이다. 이제 아렌트의 생각 속으로 조금 더 깊이 들어가 보자.

사람들은 무슨 일을 하며 살아갈까

우리는 매일 무언가를 하면서 살아간다. 사람마다, 나이에 따라 하는 일은 다르지만, 대체로 학생일 때에는 배우는 일을 하고, 그 이후에는 배운 것을 바탕으로 일을 하며 살아간다. 일을 통해 돈을 벌고, 그 돈으로 자신에게 필요한 것을 사거나 다른 사람에게 선물을 하며 살아간다. 가족을 이루게 되면, 배우자와 자녀들을 돌보고 배려하고 사랑을 나누며 삶을

한나 아렌트 · 우리가 잊고 있는 것들 | 서동은

이어간다.

　이렇게 살아가는 동안, 우리는 여러 사물과 사람들에게 마음을 쓰며 지낸다. 이 과정에서 내가 살아가는 데 필요한 물건들, 그리고 나를 바라보는 타인의 시선이 때로는 마음에 큰 영향을 주기도 한다. 아무튼 이 세상에서 살아간다는 것은, 결국 언제나 나를 중심으로 나의 주변을 신경 쓰며 살아가는 것을 뜻한다. 만약 우리가 아예 태어나지 않았거나 이미 죽은 사람이라면, 굳이 이런 세상일에 신경을 쓸 필요가 없을 것이다.

　이처럼 우리가 세상일에 신경 쓰며 살아간다는 것은, 우리가 생각하는 존재이기 때문이기도 하지만, 동시에 다른 생명체들과 마찬가지로 '몸(body)'을 가지고 있기 때문이기도 하다. 만약 우리에게 몸이 없이 정신만 있다면, 혹은 다른 사람의 눈에 보이지 않는 투명인간이라면, 지금처럼 몸으로 겪는 수많은 일들에 그렇게까지 신경 쓸 필요는 없을 것이다.

　이 점에서 보면, 우리는 몸으로 살아가기에 먹고 사는 일에 신경 쓰지 않을 수 없고, 옷을 입는 문제, 더위·추위를 피하고 쉴 수 있는 집과 같은 공간에도 신경을 쓰지 않을 수 없다. 이 세상에서 살아가는 인간 가운데, 이런 의식주 문제를 전혀 신경 쓰지 않고 살아가는 사람은 거의 없을 것이다. 물론 식물이나 동물들은 처음부터 그 환경 속에서 살아가기 때문에, 우리가 옷을 고민하듯이 옷에 대해 걱정할 필요는 없어

꿈꿀 권리

보인다. 그런데 인간은 조금 다르다. 일부 동물처럼 무리를 이루어 살기도 하지만, 인간은 특히 '마을'과 '도시'를 만들며, 많은 사람들과 함께 살아가는 특징이 있다.

이 세상에서 몸으로 살아가는 인간은 자신의 생명을 유지하기 위해, 다른 생명체의 생명을 어느 정도 소비하고 희생시켜야 한다. 예전에는 채집이나 사냥을 통해 이런 문제를 해결했다. 그래서 옛날 사람들은 먹을 것이 많은 곳을 찾아 이동하며 살아갔다. 시간이 흐르며 인류 문명이 발전하면서, 사람들은 어느 순간 정착해서 농사를 짓기 시작했다. 움직이지 않고 한 곳에 머물며, 다른 사람들과 힘을 합쳐 일하는 삶을 살게 된 것이다. 그리고 어느 순간부터 자신이 농사지은 것만 먹고 사는 데서 그치지 않고, 남는 것을 다른 사람에게 팔기 시작했다.

이후 사람들은 단순히 농사만 짓는 것이 아니라, 농사에 쓰일 도구를 만들고, 집을 짓는 일을 하게 되었다. 더 편리한 도구, 더 편안한 집을 원했고, 이 과정에서 오늘날 우리가 지금 눈앞에서 보고 있는 현대 문명에 이르게 되었다. 요즘 우리는 과거의 유목 생활이나 농경 생활을 직접 경험한 적이 거의 없다. 우리 부모님, 혹은 할머니·할아버지 세대 정도는 그런 삶의 흔적을 조금 더 가까이에서 보았을지 모르지만, 지금과 같은 자본주의 경제 체제만을 경험해 온 세대에게는 과거의 농경 사회나 유목 생활이 쉽게 상상되지 않는다.

그럼에도 불구하고, 과거 사람이나 현대를 살아가는 사람이나, 태어나서 죽을 때까지 무언가를 하며 살아간다는 점에서는 같다. 다만 그 '무언가를 하는 방식'에는 차이가 있을 뿐이다. 예를 들어, 과거에는 붓이나 펜을 사용해 종이에 글을 썼다면, 오늘날에는 컴퓨터로 글을 쓰는 것이 훨씬 더 보편적이다. 이런 차이에도 불구하고, 과거의 사람이나 현재의 사람 모두 먹고 사는 일을 위해 힘쓰고, 옷을 만들고 집을 짓는 데 신경을 쓰며, 다른 사람들과 어울려 물건을 사고팔고, 갈등이나 싸움이 생기면 이를 서로 타협하고 협의하며 해결하려고 애쓰며 살아왔다. 이 점에서 우리의 삶은 시대를 넘어 서로 공통점을 가지고 있다. 우리는 청소년 시기부터 서서히 세상에 나가 무슨 일을 할지 생각한다. 무엇을 하며 살지, 자신에게 어떤 일이 적성에 맞는지 고민하게 된다. 옛날이나 지금이나 모든 청소년들은 이런 고민을 하며 산다. 오늘날 우리들은 청소년기에 이과나 문과를 선택하여 평생 자신의 삶의 방향을 정하기도 한다. 그렇다면 사람들이 직업을 선택하고 배울 때 옛날에도 똑같이 문과와 이과가 있었을까?

직업을 선택할 때 이과가 좋을까? 문과가 좋을까?

사람들이 하는 일은 관점에 따라 여러 방식으로 나눌 수 있다. 오늘날 우리는 '이과'와 '문과'로 나누어 생각하는 데 익숙하다. 그래서 수학이나 과학과 관련된 일들은 이과, 문학·철학·역사와 관련된 일들은 문과로 분류하는 경우가 많다. 이런 분류 방식은 주로 근대 서양에서 본격적으로 체계화된 것이고, 그 이전에는 이렇게 깔끔하게 나뉘어 있지 않았다.

과거에는 인간의 특징, 즉 정신과 육체로 이루어진 존재라는 점에서 출발해, 정신과 관련된 일은 이론적인 일로, 육체와 관련된 일은 실천적인 일로 구분하는 경향이 강했다. 예를 들어 고대 그리스 사회에서 귀족들은 주로 정신적인 활동, 다시 말해 정치와 같은 공적인 일에 몰두했다. 반면 당시에 노예들은 귀족들을 위해 먹고사는 일을 책임졌다. 이들은 주로 몸을 움직여야 하는 노동, 즉 실천적인 활동을 담당했다.

오늘날에도 비슷한 구분이 존재한다. 흔히 화이트칼라(white color) 노동과 블루칼라(blue color) 노동이라고 부르는 구분이다. 화이트칼라 노동은 대부분 사무실에서 서류를 다루고, 책상 앞에 앉아서 머리를 쓰는 일을 하는 사람들을 가리킨다. 반면 블루칼라 노동은 작업복을 입고 공장 등에서 기계를 다루거나 물건을 나르고 조립하는 등, 몸을 많이 쓰는 일을 맡는 사람들을 가리킨다. 이러한 색깔에 따른 계층 구분은 우연히 일하는 사람의 옷 색깔에 따라 생긴 것이다.

그런데 어느 순간부터 서로의 입장에서 자신이 하는 노동이 다른 종류의 노동보다 더 우월하다고 생각하는 경향이 생겼다. 예를 들어 칼 마르크스는 블루칼라 노동을 더 중요한 것으로 보고, 화이트칼라 노동에 대해서는 비판적이기도 했다. 반대로 어떤 사람들은 정신 활동을 육체노동보다 더 가치 있다고 여긴다. 이렇게 무엇을 더 중요하게 보느냐에 따라 판단은 달라질 수밖에 없다. 사람마다 자신이 좋아하거나 잘하는 활동을 두둔하기도 한다.

이 두 가지 태도를 비교해서 잘 보여 주는 예가 『신약성서』 안에도 등장한다. 누가복음 10장 38~42절에 나오는 '마르다와 마리아' 이야기가 그것이다. 이 이야기는 예수와의 만남 속에서 '봉사하는 마르다'와 '말씀에 집중하는 마리아'를 대비시키며, 진정한 신앙의 태도가 무엇인지 묻는다. 예수가 마르다와 마리아 자매의 집을 방문했을 때, 마르다는 예수를 위해 음식 준비와 접대에 분주했다. 반면 마리아는 예수의 발 앞에 앉아 그가 하는 말씀을 듣는 데 집중했다. 마르다는 자신만 바쁘게 일하는 상황이 불만스러워, 예수에게 마리아를 도와 달라고 말한다. 그때 예수는 다음과 같이 말한다.

"마르다야, 마르다야, 네가 많은 일로 염려하고 근심하나, 몇 가지만 하든지, 혹은 한 가지만이라도 족하니라. 마리아는 좋은 편을 택하였으니, 빼앗기지 아니하리라."(누가복음 10:41–42)

전통적으로 이 이야기는 '행동하는 삶'보다는 '말씀을 듣고 관조하는 삶', 다시 말해 이론적인 삶이 더 가치 있다는 해석으로 이어지는 경우가 많았다. 한나 아렌트(Hannah, Arendt)는 이러한 전통적 관점과 조금 다른 입장을 취한다. 그녀는 이론적인 삶과 대비되는, 실천적이고 활동적인 삶에 주목한다.

앞에서 우리는 몸을 사용해 먹을 것을 마련하는 노동, 손과 기술을 사용해 집을 짓는 작업 등, 몸과 손이 함께 움직이는 활동에 대해 이야기했다. 이런 것들은 모두 실천적인 활동들이다. 아렌트는 여기에 더해, '입'으로 하는 활동, 즉 말과 토론, 정치적인 행동에 주목한다. 얼핏 보면 이것은 이론적인 활동이거나 화이트칼라 노동처럼 보이지만, 실제로 입으로 하는 행위는 공적인 공간에서 타인과 더불어 이루어지는 정치적 삶이다.

정치철학자 한나 아렌트는 인간의 활동을 바라볼 때, 지금까지 말한 세 가지, 다시 말해 노동, 작업, 행위라는 서로 다른 활동들이 균형을 이루어야 비로소 인간다운 삶을 살 수 있다고 보았다. 그러니까 아렌트의 입장에서 볼 때 문과든 이과든 어떤 방향의 공부를 하든 상관없이, 활동적인 삶이라고 하는

한나 아렌트 · 우리가 잊고 있는 것들 | 서동은

세 가지가 균형을 이루어야 한다. 그런데 이러한 활동과 달리 관조적 삶만이 강조되거나, 노동이나 작업과 같은 활동들이 지나치게 강조되어 진정으로 우리에게 필요한 행위가 망각된다면, 그것은 진정 인간적인 삶이 될 수 없는 것이다.

아렌트가 바라본 인간의 활동 세 가지

노동

한나 아렌트는 『인간의 조건』에서 인간의 삶을 구성하는 활동을 세 가지로 나누었다. 그것은 노동(labor), 작업(work), 행위(action)이다. 먼저 노동은 우리가 매일매일 살아가기 위해 꼭 해야 하는 일, 즉 생존을 위한 반복적 활동을 가리킨다. 예를 들면 밥을 짓고, 청소를 하고, 수렵과 채집을 하고, 농사를 짓는 일 등 가장 기본적인 인간의 활동들이 노동에 해당한다.

노동의 가장 큰 특징은 그 결과물이 곧바로 소비된다는 점에 있다. 말 그대로 먹고 살기 위한 최소한의 활동이기에, 그 안에 특별한 '영속성'이나 '기념비적인 의미'가 붙지 않는다. 예를 들어 농사를 지어 수확한 곡식으로 밥을 지어 먹고 나면, 그 결과물은 사라진다. 남는 것은 다음 식사를 준비해야 한다는 또 다른 노동뿐이다. 그리고 노동은 본질적으로 반복적이다. 이런 일을 매일 반복하지 않으면, 우리는 하루도 살아가기 어렵다. 이런 의미에서 인간은 가장 기본적인 차원에서 '노동하는 동물(Homo laborans)'이라 부를 수 있다.

서양에서 노동은 오랫동안 대체로 낮게 평가되었다. 고대 그리스인들은 노동을 경시했다. 플라톤과 아리스토텔레스는 육체노동이나 생계를 위한 노동을 비천한 활동으로 생각했고, 진정한 인간의 삶은 이성을 사용해 생각하고, 이를 바탕으로 정치 활동을 하는 데 있다고 보았다. 그래서 노동은 자유인이 아닌 노예들이나 하층민들이 맡는 일로 여겨졌다.

한편 기독교에서는 처음에 노동이 '신의 형벌'로 이해되었다. 『구약성서』 창세기에서, 인간이 선악과를 따먹음으로써 신의 명령을 어긴 대가로, 스스로 노동하고 땀을 흘려야만 먹을 수 있게 되었다고 설명한다. 그러나 『신약성서』에서는 열심히 노동하여 많은 이익을 남기는 것을, 훗날 내세에서 신의 축복을 받는 것과 연결해 긍정하기도 했다. 칼뱅의 직업 소명설은 이런 흐름 속에서 등장했다.

이와 달리 근대 시민 사회로 넘어오면서, 노동은 부를 창출하는 수단이자 인간의 권리로 여겨지기 시작했다. 홉스와 로크는 이러한 이해를 바탕으로 사회계약설을 주장했다. 칼 마르크스는 노동을 생산력과 진보의 원천으로 긍정하면서도, 동시에 자본주의 사회에서의 임금 노동이 인간을 소외시키고

한나 아렌트 · 우리가 잊고 있는 것들 | 서동은

착취한다고 비판했다. 즉 노동 그 자체는 인간의 본질적인 활동이지만, 자본주의 체제 안에서는 노동자가 자신이 하는 일과 그 결과물로부터 소외된다고 본 것이다.

오늘날 정보화·자동화 시대 이후 노동의 의미와 형태는 훨씬 더 다양해졌다. 그동안 제대로 인정받지 못했던 가사노동의 가치 역시 다시 평가받아야 한다는 주장도 나오고 있다. 이렇게 노동은 다양한 얼굴을 가지고 있지만, 아렌트는 그중에서도 노동을, 고대 그리스 철학자 플라톤과 아리스토텔레스가 생각했던 것처럼, 단순히 생존을 위한 활동으로 이해한다. 그리고 인간이 할 수 있는 활동 가운데 영속성도 없고 독특한 세계가 없는 활동으로 본다.

작업

작업은 노동과는 달리, '인공적인 무엇'을 만들어내는 활동을 뜻한다. 예를 들어 집을 짓는 일, 책을 써서 저작을 남기는 일, 도구나 기계를 만들어내는 일, 예술 작품을 창조하는 일 등이 작업에 해당한다. 작업의 특징은, 그 결과물이 눈에 보이는 형태로 오래 남는다는 것이다. 우리가 만든 의자, 건축물, 조각 작품 같은 것들은 노동의 결과물처럼 금방 사라지지 않고, 우리 주변에 꽤 오랫동안 남아 있다. 어떤 것들은 잠시 머물다가 사라지지만, 어떤 예술 작품은 오랜 세월이 지나도 계속 사람들에게 영향을 준다.

노동이 자연을 소비하는 활동이라면, 작업은 자연을 가공하여 인공적인 세계를 만들어 가는 활동이다. 어떤 일을 하기 위해 도구를 만들고, 기계를 제작하는 수공 작업의 경우, 그 용도가 다하면 사라지기도 한다. 하지만 창조적인 예술 작품은 훨씬 더 오래 지속된다. 특히 예술작품에는 작가 나름의 철학, 세계관, 감정이 담겨 있어서, 단순히 소비되는 것이 아니라, 작가의 세계가 드러나는 통로가 되기도 한다.

이런 관점에서 보면, 인간은 도구를 만드는 존재 즉 '호모 파베르(Homo faber)'라고 부를 수 있다. 작업은 인간이 자연을 넘어서, 자신만의 영속적인 인공 세계(artefact world)를 만들어 가는 창조적·기술적 활동이다. 도구, 예술품, 건축물, 제도 등은 모두 이런 작업의 결과물이다. 아렌트는 작업이 노동과 다르게 '세계'를 형성한다는 점에 주목한다. 노동은 소비되고 사라지지만, 작업은 작업자의 고유한 세계를 남긴다는 것이다.

마르크스는 이런 작업조차 서양 근대 자본주의 사회에서는 노동의 한 형태로 편입되었다고 보았다. 그래서 노동으로서의 작업이 인간 고유의 본질적인 활동이면서도, 다른 한편으로는 자본주의 체제 안에서 인간을 다시 소외시키는 원인이 되기도 한다고 분석했다. 그렇지만 아렌트의 시각에서 보면, 손을 사용해 행하는 작업은 인간을 동물과 구별하는 중요한 활동 가운데 하나다.

행위

행위는 다른 사람들과 관계 맺고 말하고 행동하는 활동이다. 예를 들어 사람들과 어울려 자신의 의견을 말하고, 특정 정치적·사회적 문제에 대해 토론에 참여하고, 대중 앞에서 연설을 통해 자신의 생각을 표현하며, 공동체 속에서 함께 지켜야 할 규칙과 약속을 만드는 활동 등이 행위에 해당한다. 앞에서 말한 것처럼 '입'으로 하는 활동이다.

행위는 단지 사람들이 모여서 먹고 마시며 사교활동을 하는 것이 아니다. 행위에서 중요한 것은 자유, 그리고 자신만의 의견과 생각이다. 이 자유를 바탕으로, 독창적이고 새로운 의견을 내고, 나와 비슷하거나 다른 생각을 가진 사람들과 토론하는 능력이 중요하다. 토론 과정에서 내가 틀렸다는 사실을 알게 되면, 그것을 기꺼이 인정하고 수정할 수 있는 자세도 행위의 일부다. 다른 사람이 나를 보고, 나도 다른 사람을 보면서, 말을 주고받고 듣는 모든 과정이 바로 행위다.

이 과정 속에서 새로운 아이디어가 탄생하고, 공동체 안에 살고 있는 사람들의 생각과 삶의 방식이 바뀌기도 한다. 고대 그리스 시대부터 오늘에 이르기까지, 사람들은 이런 행위를 통해 고유한 문화와 정치 제도를 만들어 왔다. 이런 관점에서

꿈꿀 권리

인간은 정치적 동물, 즉 '호모 폴리티쿠스(Homo politicus)'라고 할 수 있다.

아렌트에게 행위는 그녀의 정치철학에서 가장 핵심적인 개념 가운데 하나로, 인간의 자유, 공동체, 정치와 깊이 연결된다. 행위는 타인과의 관계 속에서 말하고 행동하는 활농이며, 인간만이 할 수 있는 정치적 활동이다. 행위는 새로운 것의 탄생(natality), 되돌릴 수 없는 일회성, 결과의 불확실성, 다수성(plurality), 그리고 기억 속에 남는 불멸성 등의 특징을 가진다. 그녀는 행위를 통해 인간은 사적 영역을 벗어나 공적 세계로 나아가며, 아렌트는 이런 공적 삶이 진정한 자유와 연결된다고 보았다.

아렌트의 스승이었던 마르틴 하이데거(Martin Heidegger)가 '결단'을 통해 개인의 실존적 자유를 강조했다면, 아렌트는 공동체 안에서 말하고 듣고 의견을 나누는 정치적 행위를 통해, 진정한 인간의 자유가 실현된다고 본다. 그런데 그녀가 말하는 자유는 혼자만의 내면의 '결단'에서 완성되는 자유라기보다, 다른 사람들과 함께 토론할 때 드러나는 자유다.

아렌트에게 공적 영역이 확보된다는 것은, 칸트가 말한 '공적 이성'의 사용과도 연결된다. 잘 알려져 있듯이, 칸트는 장교나 목사가 자신의 직업에 충실히 일하는 것을 '사적 이성'의 사용이라고 봤고, 군대나 교회의 제도와 규칙에 대해 공개적으로 비판하고 의견을 내는 것을 '공적 이성'의 사용이라 했다. 아렌트는 노동과 작업에만 머무르는 삶, 즉 사적 이성에 갇힌 삶을 넘어서기 위해 이러한 공적 이성의 사용, 곧 행위의 삶이 꼭 필요하다고 생각했다.

지금까지 이야기한 세 가지 활동을 간단히 요약하면 이렇다. 노동은 세계를 남기지 않는, 소비되는 몸의 활동이다. 작업은 지속적으로 도구와 작품을 만들며, 하나의 세계를 형성하는 손의 활동이다. 행위는 사람들 사이에서 말하고 행동하며, 기억과 이야기 속에서 고유한 세계가 남는 사유 활동이자 말의 활동이다.

노동은 살기 위해 하는 활동, 작업은 만들기 위해 하는 활동, 행위는 인간 고유의 의미를 만들고 드러내기 위해 하는 활동이다. 그렇지만 이 세 활동은 각각 조금씩 다르다. 노동에서는 온몸의 활동이 중요하고, 작업에서는 손의 역할이 두드러지며, 행위에서는 입과 말, 그리고 생각이 핵심 역할을 한다. 그러나 어떤 활동이든 결국 우리의 몸을 떠나서는 이뤄질 수 없다. 이런 의미에서 세 가지 모두 우리 몸으로 수행되는 '활동적인 삶(vita activa)'의 서로 다른 모습이라고 할 수 있다.

우리는 이 세 가지 활동 없이 살아갈 수 없다. 혹은 세 가지 가운데 어느 한 쪽에 무게를 두며 살더라도, 다른 활동을 하는 사람들의 도움 없이 살아가는 것은 불가능하다. 그런데 아렌

트는 지금까지 많은 사람들이 너무 노동에만 집중하며, 먹고
사는 문제에만 매달려 왔다고 본다. 심지어 수공 제작과 더불
어 작업 활동 가운데 하나인 예술조차도 생계를 위한 수단이
나 돈을 벌기 위한 수단으로만 이해될 때, 그 예술가는 자유로
운 인간이라기보다 인공지능 로봇처럼 기능만 수행하는 존재
가 되어 버린다고 여겼다. 그렇다면 아렌트가 말하는 인간 고
유의 정치적 삶, 인간만이 누리는 진정으로 자유로운 삶은 어
떤 삶일까? 아렌트는 다른 어떤 우주가 아니라 지구에 존재하
는 인간의 조건을 생각하면서 유한한 인간의 삶을 말하고자
했다.

인간은 과연 영원한 존재일까? 유한한 존재일까?

옛날 그리스인들은 사물을 세 가지 방식으로 이해했다. 첫
째, 인간 존재 덕분에 비로소 존재하는 사물, 둘째, 그 자체로
자연스럽게 존재하는 사물(physei), 셋째, 규칙(nomos)에 따라 존
재하는 사물이다. 이 중 두 번째와 세 번째는 '영원성'과 관련
된 것으로 여겨졌고 첫 번째, 즉 인간에 의존하는 것들은 불완
전하고 덧없는 것으로 여겨졌다. 다시 기억해 보자. 앞에서 우
리는 신약성서의 마리아와 마르다의 삶에서 두 가지 종류의

한나 아렌트 · 우리가 잊고 있는 것들 | 서동은

삶의 방식에 주목한 적이 있다. 하나는 마르다처럼 실천적인 활동의 삶이고, 다른 하나는 마리아처럼 이론적인 관조적인 삶이다. 관조적 삶(vita contemplativa)의 관점에서 보면, 인간에게 의존하는 것들은 변덕스럽고 안정적이지 못한 존재로 보인다. 실천적인 행위의 삶은 시간이 흐르면서 어느 순간 점점 사라지고, 관조적 삶과 대비되는, 덜 중요한 삶으로 이해되었다.

하지만 이런 이해 방식은 원래의 그리스 전통과 완전히 일치하지 않는다. 아렌트는 마르크스나 니체가 하려고 했던 것처럼 관조적 삶에 기초한 전통 철학을 완전히 뒤집고자 한 것은 아니다. 즉 "철학자들은 세계를 여러 가지 방식으로 해석해 왔을 뿐이다. 그러나 중요한 것은 세계를 변화시키는 것이다."거나, "모든 가치의 전도-이것이 바로 인류가 자기 자신에 대해 행하는 최고의 자기성찰 행위를 가리키는 나의 공식이다."는 방향으로 가려는 것은 아니었다. 그녀는 다만 행위의 삶이라는 개념이 세월이 흐르면서 본래의 의미를 잃고 변질되었다는 점을 지적하고자 한다.

이러한 가치의 바뀜은 근대에도 계속 이어졌다. 근대에 과학으로 무장한 지식인들은 "포괄적인 원리가 없으면 어떠한 질서도 세울 수 없다"는 전제를 가지고 출발했다. 그래서 법칙에 따라 그 자체로 움직이는 세계를 이해하기 위해서는 행위의 삶이 아니라 사유하는 인간의 삶, 즉 관조적 삶(vita contemplativa), 이론(theoria)의 삶이 유일한 길처럼 여겨졌다. 그 결과, '사유하는 인간의 길'과 '행위하는 인간의 길'이 점점 분리되기 시작했다.

근대의 이러한 전통에서는 사유하는 인간의 길은 변화하는 현실 속에서, 변화하지 않는 영원한 것(Eternity)을 추구하는 길이다. 반대로 행위하는 인간의 길은 지구 위에 어느 날 태어나 언젠가 죽을 수밖에 없는 유한한 존재로서, 지금 여기에서 살아가는 길이다. 이 둘은 영원성을 향한 삶과 유한성을 전제로 한 불멸성의 삶으로 대비되는 길이다.

사람들은 동서양을 막론하고, 죽음 이후에도 사라지지 않는 어떤 영원한 것을 찾고 싶어 했다. 후손을 남김으로써 자신의 흔적이 계속 이어지길 바랐고, 예술 작품을 통해 자신의 이름이 오래 기억되기를 원했다. 하지만 냉정하게 생각해 보면, 이 세상에 정말 '영원한 것'이 있는지 의문이다. 살아 있는 모든 것은 결국 어떤 방식으로든 시간 속에서 소멸해 간다. 인간의 삶 역시 영원하지 않다.

플라톤을 비롯한 고대 그리스 철학자들은 시간의 변화를 넘어서는 영원한 존재를 찾고자 했다. 하지만 실제로 우리가 경험할 수 있는 것은 언제나 유한하고, 지금 여기의 삶뿐이다. 어떤 문화에서는 후손을 통해, 또 어떤 문화에서는 예술이나 건축물, 사상과 책으로 자신이 죽은 뒤에도 흔적이 남기를 기대하지만, 아무리 오래 남는 것 같아도 언젠가는 잊히거나 사라진다.

아렌트는 플라톤과 달리, 지구 위에서 살아가는 인간의 유한한 조건을 강조한다. 그녀에게 인간은 이 지상의 중력에서 완전히 벗어날 수 없는 존재다. 앞에서 말했듯이 아렌트는 인간의 조건을 노동, 작업, 행위라는 세 가지 활동으로 설명했다. 이 세 가지는 인간의 몸의 특징과도 연결된다. 노동은 생계를 위한 활동이며, 이는 인간의 몸에서 음식을 소화하고 에너지를 공급하는 기능과 밀접하게 관련된다.

물론 노동에서도 손이 개입되지만, 아렌트가 말하는 작업은 생계를 넘어선 활동이다. 손으로 수공 제작을 하거나 예술 작품을 만드는 것이 대표적인 예다. 이런 작업은 단순히 먹고 살기 위해 바로 소비되는 것이 아니라, 이 세상에 남는 무엇을 만들어낸다. 책상, 가구, 건축물, 예술 작품 등이 그렇다. 우리는 이런 작품을 볼 때, 단지 쓰임새만이 아니라 만든 사람의 생각과 의도도 떠올리게 된다. 특히 예술 작품은 작가의 세계를 엿볼 수 있는 창과 같다.

이 지점에서 작업은 노동과 뚜렷이 구별된다. 노동은 세계를 남기지 않지만, 작업은 작업자 나름의 세계를 드러낸다. 역사적으로 보면 농경 사회에서는 제작과 예술이 지금처럼 전면에 드러나지 않았다. 물론 그때도 제작 활동은 있었지만,

작업이 사회 전체의 중심에 등장한 것은 근대 이후, 자본주의 제조업이 발달하면서부터라고 볼 수 있다. 이때 사람들은 화폐를 매개로 상품 교환의 세계와 예술 전시의 세계에 참여하게 된다.

이 두개와 다른 차원의 삶의 방식이 바로 행위의 삶이다. 노동과 작업이 인간과 자연, 인간과 인공 세계의 관계에 초점을 맞춘다면, 행위는 인간과 인간 사이의 관계에 주목한다. 인간은 무엇보다도 '사람 사이에서' 존재하는 존재자(homo hominibus esse)이다. 자세히 따져 보면, 노동도 작업도 결국 다른 사람과의 관계 속에서 의미를 갖는다. 만약 인간 사이의 관계가 없다면, 단지 동물적 수준의 삶과 크게 다르지 않을 것이다.

앞에서 인간의 행위는 입을 통해 이루어진다고 말했다. 행위는 '입'을 통한 소통을 통해 이루어진다. 그러나 서양 근대 이후 제조업과 자본주의의 발달 속에서 인간과 인간 사이의 근원적인 소통은 자주 망각되었다. 정치인들이 소통과 논쟁을 하지만, 그들 역시 많은 경우 자신이나 자신이 속한 집단의 이익을 대변하여 말하고 행동한다. 이때 이루어지는 대화는 진정한 의미의 소통이라기보다, 협상과 거래에 가깝다. 진정한 대화가 일어나려면 서로가 가능한 한 평등한 입장에서, 자신의 '입'으로 자신만의 의견을 자유롭게 말하고 듣는 시민

한나 아렌트 · 우리가 잊고 있는 것들 | 서동은

사회가 필요하다. 이는 단지 생계를 유지하기 위한 노동의 차원을 넘어선다. 노동, 예술, 그리고 사람 사이의 행위의 삶이 아무리 중요해 보일지라도, 결국 영원히 남는 것은 없다. 어떤 사람은 노동의 성과, 예술작품, 책과 사상을 통해 자신이 죽은 뒤에도 이름을 남기고 싶어 하지만, 이것 또한 시간이 지나면 언젠가 잊히기 마련이다. 그나마 인간에게 이것보다 조금 더 오래 지속되며 남는 것이 있다면 우리의 고유한 생각들이다. 이러한 고유한 생각들은 때로 후대의 이야기꾼이나 예술가들에 의해 보존되기도 한다. 위대한 사상가들이나 과학자들 문학자들에게 상을 주어 칭찬하는 것도 이러한 이유 때문이 아닐까? 이러한 삶들이 바로 지구에 사는 유한한 인간의 활동들이다.

그렇다면 우리는 행위를 통해 어떻게 '인간적으로' 탁월한 사람이 될 수 있을까?

우리는 각자 자신이 잘할 수 있는 노동이나 작업을 통해 우리는 특정 분야에서 '탁월한 사람'이 될 수 있다. 현대인 대부분은 각자의 분야에서 뛰어난 능력을 인정받고 싶어 한다. 이를 통해 출세하고, 경제적으로 안정되고, 더 나은 삶을 살고 싶어 한다. 그런 노력 덕분에 다양한 분야에서 뛰어난 전문가와 예술가들이 많이 나타났다. 농사나 제조로 큰 돈을 벌기

꿈꿀 권리

도 하고, 스포츠나 드라마·영화 같은 예술 분야에서 세계적
으로 유명해진 사람들도 많다.

우리는 이런 사람들을 보며 부러워하고, "나도 저렇게 돈
도 많이 벌고 사람들에게 인정받는 아이돌이나 스타가 되고
싶다"고 생각하기도 한다. 그런데 아렌트가 보기에 '입'으로
말하는 행위로서의 정치적 삶을 실제로 실천하는 사람은 많지
않다. 아렌트가 말하는 정치적 삶은 단지 직업적인 정치가들
의 삶을 의미하는 것이 아니다. 그녀가 말하는 행위의 삶은 아
리스토텔레스가 이야기한 '탁월성(아레테, Arete, Virtue)'의 관점
에서 볼 때, 다른 사람들과 잘 소통하고, 우리가 직면한 공동
의 문제를 합리적으로 해결할 수 있는 능력과 깊이 연관된다.

정치가들이 이런 역할을 해야 하지만, 실제로는 서로 소통
하고 토론해서 문제를 해결하기보다는, 자신이나 자신이 속
한 정당의 이익을 대변하는 데 집중하는 경우가 많다. 이들은
'표를 얻는 기술'에는 탁월할지 모르지만, 과연 이들이 한 국
가나 세계 공동체에 진정한 의미로 기여하는 정치적 삶을 사
는지는 따로 생각해 볼 문제다.

오래전, 고대 그리스의 아리스토텔레스가 『니코마코스 윤
리학』에서 고민했던 것도 바로 이런 문제였다. 아리스토텔레
스는 기술적·예술적 탁월성과 정치적·사유적 탁월성이 인간
에게 필요하다고 보았다. 사람들은 기술과 지식, 예술과 정치

한나 아렌트·우리가 잊고 있는 것들 | 서동은

의 영역에서 뛰어난 능력을 발휘하며 살아간다. 그러나 그는 여기에 더해, 반드시 필요한 것이 있다고 보았다. 바로 도덕적(성격적) 탁월성이다.

아리스토텔레스는 이런 도덕적 탁월성에 해당하는 여러 덕목을 '중용'의 기준으로 설명하고자 했다. 예를 들어 용기, 절제, 정의, 자유로운 삶 등이 그런 덕목에 속한다. 아렌트가 강조하는 행위의 삶 역시, 이런 도덕적 탁월성과 연결되는 지점이 있다. 아렌트가 말하는 도덕적 탁월성은 『니코마코스 윤리학』에 그대로 등장하는 개념은 아니다. 어쩌면 도덕적 탁월성의 기준 자체를 서로 토론하고 합의해 가는 과정이, 아렌트가 말하는 정치적 삶으로서의 행위라 할 수 있다.

오래전 아리스토텔레스의 고민은 오늘날 우리의 고민이기도 하다. 각 분야에 재능 있는 사람도 많고, 이전 세대보다 훨씬 더 높은 기술과 지식을 가진 사람들도 많다. 그럼에도 불구하고 사람들 사이의 단절과 갈등은 줄어들지 않고, 오히려 더 커지는 것처럼 느껴진다.

현재의 우리는 대화와 토론, 즉 도덕적 탁월성을 키우기 위한 시민적 토론의 문화가 취약한 사회에서 살고 있다. 자유롭게 자기 삶을 설계하고 꿈꿀 권리를 말로는 강조되지만, 실제로는 많은 청소년이 수능시험이라는 한 가지 기준에 의해

꿈꿀 권리

자신의 미래가 결정될 것 같은 압박 속에서 하루하루를 보낸다. 마치 퀴즈 대회에서 좋은 성적을 거두면, 자신의 인생이 달라질 수 있다고 생각하며 암기 퀴즈 대회인 수능을 열심히 준비한다. 수능을 통해 앞으로 어떤 노동의 현장에서 일할지 어떤 작업의 공간에 들어갈지 결정된다고 믿으며, 그 목표를 향해 전부를 쏟아 붓는다.

하지만 이런 삶의 이상에만 집착한다면, 우리는 노동과 작업을 통해 반복되는 생계형 삶에 갇히게 된다. 식당에서 서빙을 하는 로봇처럼, AI처럼, 정해진 일을 반복하는 존재가 될 위험이 있는 것이다. 그 과정에서 예술 활동을 할 권리, 예술을 꿈꿀 권리, 다른 사람들과 즐겁고 의미 있게 대화하며 살아갈 권리를 빼앗길 수도 있다.

만약 우리가 노동과 작업의 삶만을 인공지능 로봇처럼 반복하며 살아간다면, 인간만이 누릴 수 있는 고유한 삶은 어디에서 찾아야 할까? 매일 먹고사는 일에만 집중하며 산다면, 인간의 삶이 동물의 삶과 얼마나 다르다고 말할 수 있을까? 현대를 사는 우리는 인간의 삶이 동물이나 기계의 삶과 다른 지점이 어디인지 진지하게 돌아볼 필요가 있다.

아렌트는 노동과 작업이 근대 이후 점점 '돈을 벌기 위한 수단'으로만 이해되면서, 사람들이 먹고사는 일에 지나치게 묶여 버렸다고 보았다. 그 결과, 인간다운 삶의 가치가 잊혀졌

223

다고 생각했다. 정치 활동을 하는 관료나 대통령조차 자신의 역할을 '먹고 살기 위한 직업' 정도로만 생각한다면, 진정한 의미에서의 소통과 대화, 즉 정치적 삶은 사라질 수밖에 없다.

인간다운 삶의 조건

지금까지 살펴본 것처럼, 아렌트는 인간의 조건에 해당하는 세 가지 활동을 구분해 설명한다. 노동, 작업, 행위이다. 노동은 수렵·채집, 농사 등 가장 기초적인 생존 활동을 뜻하고, 작업은 수공 제조나 예술 작품 제작처럼, 먹고 살기 위한 일에서 조금 떨어진 활동이라고 볼 수 있다. 행위는 자연이나 사물과의 관계에서 이루어지는 활동이라기보다, 타인과 타인 사이에서 일어나는 인간의 활동이다. 행위는 먹고 사는 일에서 작업보다 더 멀리 떨어져 있다. 대표적인 예는 대화, 토론, 설득과 같은 정치적 삶이다. 이 활동은 각자의 개성에 따라 방식은 달라도, 언어를 매개로 이루어진다는 공통점을 갖는다.

아렌트가 정리한 내용을 한눈에 보기 쉽게 도표로 나타내면 대략 다음과 같다.

활동의 세 종류	노동	작업	행위
정의	성장, 신진대사 등 살아가는 데 필요한 필수적인 인간의 활동	인공적 세계를 구축	사물이나 물질 개입 없이 사람들 사이에서 직접적으로 진행되는 주체적 활동
사례	생존 활동	수공제자, 예술적 활동, 생산	대화, 토론, 설득 (정치적 삶)
삶과의 연관	생명보존의 필연성	(집을 짓고) 사는 것, 자신만의 창작	사람들 사이에서 살아가며, 세계에 거주하는 것
인간의 조건	삶 그 자체(종족 보존, 가멸성)	세계성(지속성)	개별자의 다원성 (기억, 역사, 창조성, 불멸성)

이 세 가지 활동 중, 앞의 두 가지인 노동과 작업은, 고대 노예제 사회에서 주로 노예나 '야만인'들이 담당하던 영역으로 여겨졌다. 귀족들은 이들의 노동과 작업에 기대어 살았고, 자신들은 주로 '행위'에 해당하는 삶에 몰두했다. 플라톤과 아리스토텔레스가 살던 고대 그리스 시대에는 귀족들만이 공적인 행위를 하며 살아갈 수 있었다. 그것은 단지 먹고 사는 일을 넘어서, 자유롭게 타인과 관계 맺고 대화하며 사는 삶이었다.

행위하며 사는 삶의 특징은 두 가지다. 첫째, 타인의 시선 속에서 드러나는 삶, 즉 '명예'와 관련된 삶이다. 둘째, 언어와 설득을 통해 사람들 사이에서 이루어지는 활동이기 때문에 자유를 전제로 한다는 점이다. 행위의 삶을 이루는 요소는 자유, 타인, 언어다. 특히 중요한 것은 자유다.

우리는 언제 자유를 느낄까? 보통은 해야 할 공부나 시험이 끝났을 때, 밀린 일을 다 마치고 나서, 그동안 미뤄 두었던 하고 싶은 일을 마음껏 할 수 있을 때 자유를 느낀다고 말한다. 하지만 이런 '시간적 여유'로서의 자유 말고도, 다른 형태의 자유가 있다. 예를 들어 내가 진심으로 하고 싶은 일에 깊이 몰두해 시간 가는 줄 모를 때, 나중에 돌이켜 보면 그 시간이 정말 자유롭고 행복했다고 느낀다. 이것도 다른 차원의 자유다.

친구들과 함께 공동 과제를 할 때를 떠올려 보자. 이때 우리는 자발적으로 과제에 참여하고, 좋은 결과를 내기 위해 서로 상의한다. 가끔 의견이 맞지 않아 논쟁이 벌어질 때도 있지만, 그래도 함께 해답을 찾기 위해 말로 설득하고 조율한다. 이 과정에서 우리는 자연스럽게 다른 사람의 입장에서 생각해 보고, 나와 다른 의견도 듣게 된다. 이런 의미의 자유의 경험이 바로 행위의 삶이다.

옛날 귀족과 노예가 나뉘어 있던 시대에, 노예와 '야만인'에게는 이런 자유가 없었다. 이들은 타인을 중요하게 생각하기보다, 오로지 자신과 가족의 생계를 위해 노동에 매달렸다. 타인의 시선이나 인정은 중요한 문제가 아니었다. 이들은 단지 주인이 시키는 일을 해야 했고, 정치적 의미에서의 '새로움의 출현'과 '상호 인정'은 없었다. 이에 비해 자유인인 귀족

꿈꿀 권리

들에게는 생물학적인 죽음보다도 다른 사람들 앞에서 어떻게 기억되는지가 더 중요했다. 즉 명예와 인정이 중요했던 것이다. 명예와 타인의 인정이 없는 삶은 죽어 있는 삶과도 같다. 아렌트의 표현을 빌리면, 진정한 자유인에게 죽음은 '사람들 사이에서 존재하기를 그치는 것(inter homines esse desinere)'이다.

공동체 안에서 언어를 통해 서로의 관심을 나누고, 타인의 입장에서 나를 돌아보고, 모두에게 좋은 것이 무엇인지 함께 고민하는 과정이 없다면, 그 사람은 정치적 의미에서 존재감이 없는 '보이지 않는 사람'이 될지도 모른다. 행위의 삶은 이런 의미에서 개인의 다원성, 즉 서로 다른 목소리를 가진 사람들이 평등하게 참여할 수 있는 공간을 전제로 한다. 한 사람만 있거나, 많은 사람들이 있지만 모두 똑같은 생각을 한다면, 토론과 설득은 일어날 수 없다. 즉 사람이 모두 동일하여 동일한 의견을 가지고 있거나, 모두 저마다 완전히 다르기만 하다면, 사람들 사이에서 정치적 삶은 성립되지 않는다.

아리스토텔레스는 인간을 '사회적 동물'이라 불렀다. 아렌트는 이 말이 중세 철학자 아퀴나스에게 잘못 번역되어, 단지 집단적으로 사는 동물이라는 의미로만 이해되었다고 비판한다. 사회적 동물이라고 하면 단지 무리를 이루어 생계를 꾸려는 모임 정도로 생각하는 삶으로 이해하는 경향이 있다. 아리스토텔레스가 말하고자 했던 것은, 개미나 벌처럼 무리를 이루어 사는 동물이라는 의미가 아니라, '언어를 통해 함께 정치적 행위를 하는 존재'라는 뜻이었다. 인간은 언어를 통해 '입'으로 서로 소통하고, 함께 세계를 만들어가는 독특한 존재 양식을 지닌다.

창세기의 이야기에서도, 신이 아담과 이브를 창조한 것은 이런 인간의 다원성을 상징적으로 보여 준다. 신은 인간이 혼자 있는 것이 좋지 않다고 보고, 남과 여를 창조하고, 노동과 결혼을 통해 자손이 번성하도록 했다. 다원성이란 단지 많은 사람이 있다는 뜻이 아니라, 각자가 독립적이고 다차원적인 개성과 자율성을 가진 존재라는 의미이다. 모든 사람이 '인간'이라는 점에서는 같지만, 각자의 입장에서 진리를 경험하고 표현할 수 있는 평등한 주체라는 의미에서의 다원성이다. 이렇게 이해하면, 나와 다른 생각을 가진 사람을 존중하지 않을 수 없다.

인간의 행위는 탄생과 죽음, 즉 탄생성(natality)과 죽을 수밖에 없는 조건(mortality) 사이에서 이루어진다. 다시 말해, 행위는 유한한 인간의 조건 속에서만 가능하다. 만약 인간이 영원히 산다면, 혹은 동물처럼 단순히 먹고사는 일에만 머무른다면, 그것은 신의 삶이거나 동물의 삶일 것이다. 노동과 작업, 행위 가운데 어느 하나만으로는 인간다운 삶을 온전히 설명할 수 없다. 오로지 노동만 하거나, 오로지 작업만 한다면, 우리는 동물이나 기계 같은 삶에 머무를 위험이 있다.

꿈꿀 권리

여기서 주의할 점은, 아렌트가 인간의 본질을 '노동하는 인간', '도구를 사용하는 인간' 같은 식으로 규정하려는 것이 아니라는 점이다. 그녀가 말하는 '인간의 조건'은, 인간이 지구 위에서 살아갈 수밖에 없는 제약과 한계를 강조하고자 하면서 나온 아이디어다. 인간은 자신의 본질을 완전히 외부에서 관찰하듯 판단할 수 없다. 만약 인간의 본성을 말할 수 있는 존재가 있다면, 그것은 인간 바깥에 있는 신일 것이다. 마치 우리가 장수풍뎅이의 전 생애를 밖에서 관찰하고 장수풍뎅이와 다른 생명과의 관계를 관찰자의 입장에서 객관적으로 고찰할 수 있을 때 비로소 장수풍뎅이의 삶과 본질을 파악할 수 있는 것과 같다. 지구에 사는 인간은 인간에 대해 이러한 관점을 가질 수 없다.

현대에 들어 철학, 인류학, 심리학, 생물학 등은 인간의 본질을 규정하려고 시도했다. 근대 자연과학은 우주적 관점에서 인간을 바라보기 시작했고, 인공위성이 발사되며 인간은 더 이상 지구에만 묶인 존재가 아니게 되었다. 이 변화는 아렌트로 하여금 "인간의 조건이란 무엇인가?"를 다시 묻게 만든 계기였다. 만약 인간이 지구가 아닌 우주 공간에서도 살 수 있다면, 그녀가 말하는 '지구 위에서 노동하고 작업하고 행위하며 살아가는 인간의 조건'은 어떻게 이해해야 할까?

아렌트는 우리가 여전히 지구의 중력 아래 서로의 얼굴을

한나 아렌트 · 우리가 잊고 있는 것들 | 서동은

보며 살아가는 한, 노동·작업·행위의 세 차원은 여전히 중요하다고 말한다. 그녀가 강조하는 것은 고대 그리스 전통에서 말했던 추상적인 영원성의 삶도 아니고, 노동의 소모성과 작업의 지속성을 유지하는 삶도 아니다. 그녀는 그보다는 행위의 삶을 통해, 타인과 함께 세계를 만들어 가는 과정에서, 인간 특유의 '불멸성'이 드러난다고 본다. 그리고 이런 행위의 삶이야말로, 인간에게 진정한 자유를 선물하는 삶이라고 생각했다. 그녀는 인간이 타인들과 더불어 자유로운 의견 교환을 통해 서로 주도권(initiative)을 가지되, 그 주도권이 어느 한 사람에게 넘어가지 않도록 경계하면서 모두가 봄/보임의 수평적이고 인격적인 관계를 형성할 수 있을 때, 인간은 비로소 진정으로 인간다운 삶을 사는 것이라 말한다. 바로 이것이 우리가 잘 알고 있다고 생각하면서도 잊고 있었던 것이다.

참고문헌

- Hannah, Arendt, The Human Condition, Chicago & London, 1998.
- 한나 아렌트, 『인간의 조건』, 이진우 옮김, 한길사, 2024.